声色画卷
呈现不一样的精彩

运用电子白板优化
幼儿园音乐集体教学活动的实践研究

殷颖 ◎ 著

中国国际广播出版社

图书在版编目（CIP）数据

声色画卷　呈现不一样的精彩：运用电子白板优化幼儿园音乐集体教学活动的实践研究 / 殷颖著 . — 北京：中国国际广播出版社，2019.10
ISBN 978-7-5078-4558-7

Ⅰ.①声… Ⅱ.①殷… Ⅲ.①音乐课—教学研究—学前教育 Ⅳ.① G613.5

中国版本图书馆 CIP 数据核字（2019）第 214132 号

声色画卷　呈现不一样的精彩：
运用电子白板优化幼儿园音乐集体教学活动的实践研究

著　　者	殷　颖	
责任编辑	张娟平	
装帧设计	知库文化	
责任校对	有　森	

出版发行　中国国际广播出版社［010-83139469　010-83139489（传真）］
社　　址　北京市西城区天宁寺前街 2 号北院 A 座一层
　　　　　　邮编：100055
网　　址　www.chirp.com.cn
经　　销　新华书店
印　　刷　天津雅泽印刷有限公司

开　　本	880×1230　1/32		
字　　数	127 千字		
印　　张	6.75		
版　　次	2019 年 10 月　北京第一版		
印　　次	2019 年 10 月　第 1 次印刷		
定　　价	45.00 元		

序一

党的十八大以来，我国教育信息化事业实现了前所未有的快速发展，取得了全方位、历史性的成就。在这其中，教师信息技术应用能力明显提升是巨大成就的一个重要表现。电子白板作为高科技电子教学系统教育教学辅助工具，各大教育机构、广大教师群体为响应教育信息化 3.0 倡议，有必要通过不断学习实践，提升运用能力，从而更好地为教育教学服务。学前教育中的音乐教育，作为幼儿音乐与艺术素养培养的一个重要内容，将其与电子白板进行有效结合，能够大大提高儿童在学习过程中的沉浸式体验以及交互感。电子白板运用到学前音乐教育中，还有很长的路要走。其困难不在于其普及，而在于实际应用在教学中的效果反馈与幼儿表现的信息收集。电子白板作为一种教育技术，一定要注意的是在"教育"与"技术"方面的整合，而不能过于偏向"技术"。所谓不忘初心，这里的"初心"可以是指教育教学中，提高幼儿音乐素养的效果、效益与效率，也可以是指教师信息化素养在学前音乐教育的应用。总之，不脱离优化教育的初心，才能在学前音乐教育中，运用好电子白板的技术来达到优化的目的。本次学校内部的课题研究，响应教育信息化建设，具体深入到实战教学以及资源库的建立等多个方面。从时代需要的角度出发，以人为本，以幼儿为中心，以优化学前音乐教育为目的，真正达到以音乐集体教学活动为抓手，相关老师和负责人全力投入，达到电子白板这一项教育技术在幼儿音乐集体教学活动中的灵活运用的成果。

序二

随着信息化进入 3.0 时代，它不仅给我们学习、工作和生活带来了便捷，对于传统的课堂教学方式开始了颠覆性的转变，电子白板作为重要的教学工具已经渐渐走进了我们的课堂。

《"十三五"国家信息化规划》中强调，将进一步推进信息技术与课堂教学深度融合。电子白板在教育教学中的应用日益增多，许多幼儿园已开始积极探索电子白板教学。电子白板教学可以为幼儿提供具体、生动的教学情境和直接的学习经验，这也是电子白板教学的优势所在。其缺点：一是在整合的过程中用多媒体技术代替实际操作，忽视了课程特点；二是幼儿园教师多媒体的技能有待提高；三是幼儿的主体性没有得到发挥；四是幼儿园教育资源的共享力度不够；五是培训效果有待提高等。

正如著名学前教育家马卡连柯所说，"教育的基础主要是 5 岁以前奠定的，它占整个教育过程的 90%。在这以后，教育还要继续进行，人进一步成长、开花、结果，而你精心培植的花朵在 5 岁前就已经绽蕾。"因此对于幼儿们的教育来说，学前教育无疑是儿童智力形成及发展方面尤其在智力方面最为重要的阶段。

《幼儿园教育指导纲要（试行）》明确指出：艺术是实施美育的重要途径，要充分发挥音乐情感教育功能，促进幼儿健全人格的形成。由此可见音乐教育对幼儿成长有着不可磨灭的作用。电子白板在音乐教学方面弥补了传统教学的不足，在传统教学当中靠老师弹奏乐器，这有很大的局限性，现代的电子白板技术很好地弥补了教学乐器的单一、教学形式的贫乏。

本书从音乐集体教学活动着手，重视教师的白板应用水平的的提高，同时，加强教师的课件制作与白板运用的实践能力的指导，使教师通过学习本书能够快速地学会操作电子白板，提高教师的多媒体运用技术，真正将电子白板融于幼儿园集体日常教学活动。本书提出的做法可以给我们广大的日常幼儿教育工作者很好的借鉴。

序三

21世纪以来，电子信息产品在很大程度上有了飞速发展，越来越多的现代化教学工具也已经在一步一步走进课堂。因此，多媒体教学是大势所趋、人心所向。如果能够灵活地应用好这类教学方式，一定能使课堂变成一幅动人的声色画卷，从而呈现出不一样的精彩。

传统的教学中往往缺乏灵活性、生动性、便捷性，无法及时准确地应对执教过程中未预设到的内容，但是白板教学就不一样了，在使用网络教学白板时，能更多地方便教师和学生间的交流。教学白板在教师和学生的电脑上是同步显示的，无论学生书写还是教师演示，师生双方都能够立刻看清楚。有了这种白板教学工具，再辅以话筒和摄像头，即使师生相距千里，上起课来也是和原来的面对面教学是一样的，这就大大提高了教学效率。此外，孩子从出生就开始对这个世界上所有的事物充满了好奇心，如今孩子们又被身边形形色色的电子产品所围绕，想要丝毫不被诱惑，对于学龄儿童来说真的是太难了，所以我们就要抓住孩子们的这一心理，增加课堂活力，寓教于乐，活化教学过程。

　　本书从音乐集体教学活动着手，意在增强教师们的教学能力，帮助教师正确快速地运用白板技术，发挥白板教学的优势，使教师们的有效成果得到推广，使白板的使用趋于常态化，更能够激发孩子们对幼儿园音乐活动的兴趣，优化师生关系，提升孩子们的学习质量。虽然现如今在国内电子白板的使用频率越来越高，但往往局限于网络公开课，在日常的集体教学中使用很少，还无法形成常态化模式。电子白板是集文字、声音、图片、投影于一体的新型工具，只要对教师进行专业的培训，相信教师们一定能灵活地驾驭白板课堂，使音乐课堂更加得生动有趣，为现代化教育做出更多贡献。

前　言

　　伴随着信息技术的日益革新和教学手段的不断进步，电子白板作为现代化的教学工具已经渐渐走进了我们的课堂，并且凭借其强大的交互性、兼容性等特点，极大地挑战了各种传统的教学辅助手段。传统教学中，制作教具占据了幼儿园教师大量的时间，常用的PPT课件往往缺乏灵活性，无法及时应对执教过程中教师未预设到的内容。而电子白板能够实现将丰富多样的教学资源进行灵活的整合，还可以直接在原有材料的基础上进行绘画、书写，弥补了其他多媒体课件不能直接在上面操作的弊端。

　　本书是闵行区教育科研良好课题"运用电子白板优化幼儿园音乐集体教学活动的实践研究"的研究成果。通过研究，电子白板在幼儿集体音乐教学活动的应用得到了可喜的进展，逐渐从"重展示轻常态"向"重展示重常态"转变，从"重现状轻深入"向"拓展型研究"转变。实施过程中，我们注重日常教研、理论结合实践，教师们充分感受到了白板对于幼儿园集体音乐教学活动的意义，能够正确运用白板技术，研究并设计的音乐教学活动能充分发挥白板的优势功能，从歌唱、音乐游戏、律动和打击乐等四个方面，对幼儿园音乐集体教学进行优化，注重发挥孩子们在音乐活动中的主体地位和在音乐活动中的随机教育，关注孩子们的音乐兴趣和探究能力，实现了白板信息技术与幼儿园音乐集体教学活动的有效融合。

同时，注重白板资源库的积累和优化，为了使资源库的使用率更高，我们将电子白板的音乐资源库分成了两种形式进行存放，"分类"的归放资源和"整合"性的资源存储。为了使资源库能够真切地方便教师的教学，我们制定了资源库的管理制度，努力做到"专人专管""定时定量"，从而在丰富资源库的"量"的同时也提高了资源库的"质"。

教师们能灵活地驾驭音乐教学课堂，能巧妙地运用白板的"交互特性"优化音乐活动中的师幼互动，能运用白板的优质资源库"丰富"音乐课堂，能利用白板工具"活化"音乐活动的教学过程，能借助白板记录教学痕迹，从而"易化"

音乐活动中的教学难点。电子白板的课堂运用更加常态化，实现了优化幼儿园音乐集体教学活动的目标，使得音乐课堂更加流光溢彩。

本书从音乐集体教学活动着手，在提高教师的白板应用水平的同时，加强教师的课件制作与白板运用的实践能力。使教师通过学习本书能够熟练地操作电子白板，提高教师的多媒体运用技术，真正将电子白板融于幼儿园集体教学活动。

希望本书能够帮助广大教师从烦琐、重复的工作中解放出来，充分利用电子白板的辅助教学优势，优化音乐集体教学活动，起到事半功倍的作用。

目　录

第一章

尝试——来自时代的需要

第一节　教育的进步：
电子白板优化音乐教学的价值与研究意义

一、理解电子白板运用的理论意义

总结和提升运用交互式电子白板优化幼儿园音乐集体教学活动的经验，解决电子白板使用过程中出现的新情况、新问题，促发教师们自觉地研究电子白板的功能应用，促进幼儿园音乐白板资源的丰富与积累，促进孩子们音乐课堂教学的高效发展。

二、发现电子白板运用的实践意义

以音乐集体教学活动为抓手，在提高教师的白板应用水平的同时，加强教师的岗位练兵活动，努力使教研成果得到实践推广，使每一位教师都能熟练地操作电子白板，灵活地驾驭音乐课堂。帮助教师正确地运用白板技术，发挥白板的优势功能，使白板的使用趋于常态化。

三、认可电子白板运用的研究价值

第一，有利于激发孩子们对幼儿园音乐活动的兴趣，优化师生关系；第二，有利于提高幼儿园音乐集体教学活动的效率和质量；第三，有利于提高教师的电子白板的应用能力；第四，有利于解决幼儿园音乐集体教学中的突出难题。

第二节 曾经的探索：电子白板优化音乐教学的实践现状

一、国内外应用电子白板优化教学活动的轨迹

　　交互式电子白板最初的发展并非源于教育，对于教育界来说，这还是一项较新的技术。这一领域的学术研究有限，研究材料大多为研究报告和一些小范围的研究项目的总结，以及一些教学实践的描述和教学经验的总结，并且多数集中在英国、美国、加拿大、澳大利亚等这些较早推广白板的发达国家。已有研究主要包括使用交互白板授课时的教学方法，师生对交互电子白板使用价值的看法，交互电子白板与学生学习动机的关系以及对教学的影响等一些方面。

　　在国内，虽然电子白板在幼儿园教学中的使用频率越来越高，但往往仅限于公开课等活动，而在日常的集体教学活动中运用甚

少，不够常态化。教师对电子白板的操作方面不够熟练，缺少系统的培训。目前，对于电子白板在课堂教学中的应用研究方面，中小学的研究领域较广。而幼儿园在电子白板的应用方面的研究领域主要集中在科学、语言等方面，对于音乐教学方面的研究比较少，对白板资源库的运用比较随意，不够系统化。

电子白板为现代化的教育开辟了新天地。它较强的操作性和强大的交互式功能，为教师搭建了实践的平台，如何进一步发掘和利用电子白板的功能，如何建设和充实具有园本特色的教学资源库，成了每一位教师今后共同努力和探索的方向。

二、应用电子白板优化音乐活动的教学突破

将电子白板在幼儿园教学中的应用变得更加常态化，使教学活动的准备过程化繁为简，使教师的精力更多地用在教学过程中，凸显互动性，突出教学活动的重难点，从而激发幼儿的学习兴趣，提高活动的实效性。

充分利用资源库功能，建设和充实具有园本特色的教学资源库，减少重复的工作。

第二章

思索——来自对未来的向往

第一节　理解核心概念

交互式多媒体一体机：采用液晶触摸屏技术，将电脑系统、电视系统、电子白板等集一体的触控设备。其中的交互式电子白板功能不需要与投影机和计算机配合使用，并且具有普通白板的所有属性和功能，在白板上可以任意进行书写、画画、作表格。

交互式电子白板：与电脑进行信息通讯，将电子白板连接到PC（personal computer 个人计算机），并利用投影机将 PC 上的内容投影到电子白板屏幕上，宛如一个面积特别大的手写板，可以在上面任意书写、绘画并即时地在 PC 上进行显示。它是集文字、声音、图片、投影于一体的新型教学工具。

第二节　探索目标价值

提高教师的多媒体运用技术，从音乐集体教学活动入手，将电子白板真正融于幼儿园集体教学活动中，充分利用交互式电子白板的优势与特点，实现白板信息技术与幼儿园音乐集体教学活动新的融合，使教师能更灵活地驾驭课堂，将电子白板的课堂运用更加常态化，从而优化幼儿园音乐集体教学活动，让音乐课堂更加流光溢彩。

第三章

探究——来自对过程的采获

第一节　多层次的使用情况分析

一、电子白板优化音乐教学的应用情况调查

研究初期，我们针对教师们对电子白板的熟悉程度、接受程度等应用情况进行了调查，参与调查的教师覆盖总分园 18 个班级共 36 名教师，其中能够熟练操作白板的教师几乎为零，即使是能够初步操作电子白板的教师，也无法掌握运用白板制作课件的技术，很多白板的功能无法很好地进行展现。

经过将近两年的白板使用，我们再次对这 36 名教师进行了问卷调查，发现几乎每班有一名教师能够做到熟练地操作电子白板，愿意经常使用电子白板进行教学的教师达到了 75%，教师们充分感受到了白板对于幼儿园集体音乐教学活动的意义，并且能够正确地运用白板技术，发挥白板的优势功能，白板的使用趋于常态化。

年份	2016		2017年	
应用情况	人数	比例	人数	比例
愿意经常使用，并且能够熟练操作	0	0%	18	50%
愿意经常使用，但是操作不够熟练	6	16.7%	9	25%
不知道如何应用,有学习的意愿	12	33.3%	6	16.7%
正常教学方法足够，认为没必要使用	9	25%	2	5.6%
不熟悉，觉得比较麻烦	8	22.2%	1	2.8%
其他	1	2.8%	0	0%

二、电子白板优化音乐教学的转化趋势

（一）"重展示轻常态"向"重展示重常态"转变

电子白板在音乐集体教学活动中的应用逐渐变得常态化，电子白板以它强大的功能和无穷的魅力，潜移默化地转变着教师们对电子白板的认识与态度。如今，在幼儿园的日常集体音乐教学活动中，教师们都会自觉利用白板手段，通过教师与教师之间的一次次互相观摩、经验交流、研究探讨等形式，教师们运用电子白板辅助集体音乐教学的创新潜能被激发了出来。随着使用频率的逐步提高，教师们对于白板的运作能力随着不断的"持续性行动"，变得更加灵活与巧变。

（二）"重现状轻深入"向"拓展型研究"转变

研究初期，我们成立了电子白板工作研究小组，为了保证课题研究的各项工作能及时落实到位，我们以"明确责任制"的方式指定"专人"负责课题研究的相关工作。

两年来，幼儿园的青年教师们进行了数次音乐集体教学活动的大比武，每一位教师都选择了运用电子白板作为课堂教学工具。教师们自己制作白板课件，钻研教材，指定教学目标，精心设计教学活动，把一堂堂精彩生动的教学活动展现在我们面前。在一次次的磨砺中，每个教师都收获颇多，在上课、听课、评课中锻炼自己，不断地促使着活动更加尽善尽美，推动了电子白板音乐集体教学中的应用研究。

教师电子白板应用情况统计

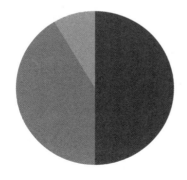

■ 已参加，能够熟练操作
■ 已参加，操作不够熟练
■ 未参加，但是想参加
■ 未参加，也不想参加（此项人数为0，所以图中未显示）

经过两年的成长和蜕变，教师们从对使用交互式电子白板的抵触到今日的常态化应用，是对电子白板功能优势的最大肯定。电子白板资源的丰富、共享的特点，交互、直观等优势，已经得到了教师们的验证和认可。

第二节　多方位的研究前期准备

一、重视教师的应用能力培训

（一）操作熟练，灵活驾驭课堂

以音乐集体教学活动为抓手，使每一位教师都能熟练地操作电子白板，灵活地驾驭音乐课堂。

电子白板的诸多功能对于孩子们来说有着强烈的吸引力，但是对于教师们来说，想要灵活运用，不能临阵磨枪。幼儿园的白板应用培训只有教师全员参与，多用、多讨论，并理论联系实际，实实在在地去探索、应用，才能真切体验到白板的妙用，进而有所收获。

根据幼儿园的硬件设备，我们分别开展了投影式电子白板、电视白板一体机的应用培训。培训中，通过一个个鲜活的白板实例激发了教师们的学习热情，提高了教师们自觉地研究电子白板的功能应用的积极性，促进了幼儿园音乐白板资源的丰富与积累，促进了孩子们音乐课堂教学的高效进行。

培训内容	投影式电子白板	电视白板一体机
培训实录		
应用地点	多功能室	各班教室
应用范围	园级开放课区级活动开放	随堂课组内研讨课园级开放课
应用频率	3~6次/学期	3~6次/月

（二）积极教研，加强理论学习

为了提高教师们的白板研究水平与能力，我园课题组定期组织教师进行电子白板教研活动，重点组织教师学习交互式电子白板的教育理论，加强教师们的理论基础，掌握必要的白板操作方法，从而更能得心应手地操作使用电子白板。

同时注重过程管理，坚持每月一次的例会制度，对电子白板优质素材进行讨论研究，进一步丰富并完善，从而形成电子白板优质资源库。对电子白板使用过程中出现的新情况、新问题，通过讨论达成共识。

（三）加强教师的岗位练兵活动

在提高课题成员的白板应用水平的同时，我们积极地把研究经验分享给全园教师，组织全园教师的岗位练兵活动，努力使教研成果得到实践推广，使课题研究扎实有序地进行下去。

自 2016 年起，我园已先后三次进行了音乐教学的岗位练兵活动，教师们以电子白板为载体，敢于尝试、有效地组织实施，给观摩的教师们带来了全新的感受。活动还组织进行了集体评课，园长和保教主任从教学内容、教学方法等各个方面给予了专业的指导和点评。教师们积极探讨、大胆反思、主动学习、认真总结，达到了既定的教学活动目标，收到了良好的效果。

岗位练兵活动为教师们搭建了一个实践教学理念、锻炼自己、展示才华交流学习的平台，使她们在音乐教学方面得到了磨炼、提升、迅速成长，同时推进了幼儿园整体教学水平的提高。

二、重视幼儿园软硬件设备的支持

研究经费保障	配备研究所需的各种设备，提供足够经费保障
技术指导保障	聘任专业技术指导教师，提供技术和设备维护指导
理论指导保障	订阅《计算机科学》《中国信息技术教育》《教育信息报》等书籍、期刊，提升理论素养；聘请专家开展专题讲座
管理制度保障	制定《教科研成果奖励制度》《电子设备管理细则》等制度，保障课题研究的正常开展

第三节 多元化的设计原则研究

一、关注教师操作的可行性

电子白板作为一个功能强大且用途广泛的综合教学平台，在幼儿园音乐集体教学中，在直观性教学和传统教学图文并茂的展示中，发挥了巨大的推动作用，为现代化的教育方式注入了活力。但是，交互式电子白板也不是万能的，不可否认它存在一定的局限性，比如，操作范围的限制、交互资源的限制等，所以在活动设计的时候，也需关注方案的可行性。

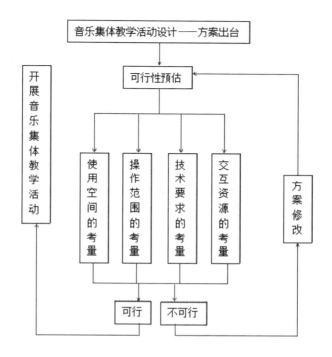

二、关注音乐活动的过程性

《上海市学前教育课程指南》中指出：课程实施强调活动性和体验性，强调活动的教育价值，注重活动的过程体验，优化教与学的方式。

在音乐教学活动中，我们始终倡导的是发挥孩子们在学习中的主体地位，引导孩子们自主地进行学习。为了提高孩子们在音乐活动中的能动性，我们在活动设计时，尽可能地做到整体地考虑活动的预期目标与活动的展开过程，使幼儿在获得经验的同时，发展认知能力，丰富情感体验。重视音乐活动教学过程的设计，将"能否引发幼儿生动活泼、积极主动地活动，促进幼儿自主探索与思考"作为我们考量优质音乐白板活动的标尺之一。

比如，在《猫和老鼠》的音乐游戏活动中，教师很好地利用了电子白板的交互功能与幼儿进行互动，当给乐曲分段时，教师将猫和老鼠的图片并排展示在白板上，请幼儿欣赏歌曲，当歌曲唱到某种场景时，幼儿自主来到白板前，拖动他认为的场景图（猫或老鼠的图片），反复欣赏感受尝试后，最后展现的结果就是幼儿自主学习的轨迹。电子白板的交互功能使得课堂交给幼儿，充分发挥幼儿的主体性。

三、关注白板功能与音乐活动的优势组合

交互式电子白板有形式多样、方便快捷的功能，从丰富的视觉形象、多媒体的展示到声、形、色俱全的影音录像，从各种图片、电子教具到孩子们参与的游戏性操作中，各式各样，数不胜数。音乐教学活动是否能最大化地发挥白板优势，使设计的活动既符合大多数孩子的发展水平和需要，又顾及他们的个体差异，使每个孩子都有进步和成功的体验，是白板设计的重要原则。

在设计活动中，关注白板使用过程中静态和动态的交替运用，

利用电子白板的优势功能，打破时空限制，加深孩子们对有益经验的理解与巩固。教师合理地用好电子白板服务于教学，必将使电子白板成为幼儿园音乐集体教学的"催化剂"。

比如，在中班《理发师》音乐歌唱活动中，教师将每一句歌词都以图画、动画的形式展示给幼儿，如"理发的大狮子呀，咔嚓咔嚓"，呈现给幼儿的画面是两把剪刀对着满头乱毛的大狮子剪呀剪，每句歌词都附有相应的画面，只要触摸动物理发的画面，就会有相应的翻唱声响起。教师可以灵活地掌握整个活动，幼儿哪句歌词有问题，就可以轻轻一点；幼儿哪句没有听清楚，就可以到前面来触摸相应的那一句。听着歌曲，看着相应的画面，孩子们很快就可以朗朗上口地唱起来。互动式的电子白板充分调动幼儿听觉、视觉、触觉，符合幼儿学习特点，促进幼儿有效学习。

第四节　多样化的方案设计研究

一、歌唱活动的方案优化

在歌唱活动中，歌词是一首歌曲的重要组成部分，孩子们要演唱一首歌曲，首先必须要理解歌词和记忆歌词，而在歌唱教学活动中尤其是新授教学，由于学龄前的孩子们缺乏文字阅读能力，想让孩子们在短时间内理解歌词并记住歌词成为歌唱活动的一个教学瓶颈。

我们选定相同素材的一首歌曲，分别对两个班级进行了不同的教学方法，一个班级采用传统的音乐教学方法，以图卡的形式帮助幼儿理解歌词；另一个班级采用电子白板优化教学法，借助电子白板优化法进行教学。从中我们发现，传统的教具不够耐用，容易磨损，不便于重复使用，教师唱一句孩子们学一句的方法也缺乏趣味性，大家遇到歌词多而复杂的歌曲，往往需要两个课时，教师唱得累，孩子们学得也累。而用电子白板优化法，教师将歌词中提到的画面制作出来，点击画面就会有相应的范唱链接，孩子们只要触摸到想要学唱的画面，电子白板就会自动播放出相应歌词的范唱，教师可以根据孩子们的学唱情况，灵活地把控学习的进度，通过视觉、听觉的双重体验，激发孩子们主动地学习，课堂效果相比传统教学法更胜一筹。

类型 特性	传统教具（图卡）	电子白板优化法
耐用性	不耐用	耐用
灵活性	不灵活	灵活
互动性	弱	强
趣味性	弱	强

（一）白板音乐教学之歌唱活动的探索足迹

我们的探索之：白板音乐教学的歌曲选材

歌唱的材料主要是歌曲。歌曲在幼儿音乐活动的材料中占有很重要的地位。歌曲由歌词和曲调组成。

1. 歌词的选择

首先，内容与文字有趣并易于理解。

所选歌词的内容和表述容易被幼儿理解。歌词的内容、形象应是幼儿比较熟悉和喜爱的，如，动植物、自然现象、交通工具、身体部位等，歌词的文字应较生动、有趣。

其次，歌词内容适合用动作表现。

幼儿无论说话还是唱歌，都常常以动作相伴，如歌词本身比较适宜用动作表现，则歌曲更容易为幼儿所喜爱和接受。另外，边唱边做动作有利于幼儿快速记忆歌词，发展节奏和动作的协调性。

最后，歌词内容应简单，多重复。

结构简单且多重复的歌词易于满足幼儿自由编唱的要求。此外，也更易于幼儿理解和记忆。唱这样的歌曲，幼儿语言记忆负担轻，可以用更多精力去享受歌唱和做动作的快乐。

2. 曲调的选择

特点 ＼ 年龄段	小班	中班	大班
音域狭窄	Do——la	Do——si	Do——do
节奏简单	2/4拍、4/4拍为主	除了2/4拍、4/4拍为主外,可适当选用3/4拍歌曲。	较多选用3/4拍和6/8拍歌曲。
结构工整	2—4乐句为宜，一般没有间奏	4—6个乐句为宜，可有间奏和尾奏。	6—8个乐句为宜,可有间奏和尾奏。并尝试不工整乐句。
词曲关系单纯	一个字对一个音	一个字对两个音	一字多音

我们的探索之：白板音乐教学的组织实施要点

1. 活动导入

具体方法有：练声导入、动作导入、情境导入、谈话导入、游戏导入等，其中，活动导入可以为激发本次活动做铺垫。

2. 熟悉教材

选定歌曲后，教师要特别熟悉教材，反复练习，达到熟练背唱。并且知道什么地方用什么表情、节奏的快慢等。

3. 教师范唱

让幼儿在听赏歌曲的基础上，再进行学唱，增强其音乐印象。

4. 理解歌词

理解歌词不要枯燥呆板机械，应注意艺术性，可以借助白板进行图谱展示。利用图谱，让幼儿把瞬间记忆做有效梳理。小班建议卡通形象图片居多，中大班增加符号。

还可以使用巧妙提问法，来激发幼儿主动歌唱的兴趣，例如，对中大班的孩子提问："你最喜欢歌曲里的哪一句歌词？把你喜欢的歌词唱一唱？"

对于小班的孩子则可以让幼儿边学边做动作，效果会更好。

5. 变换多种歌唱形式

活动中要巧妙运用多种形式变换演唱方式，如：轮唱、独唱、对唱、领唱等，帮助幼儿熟悉歌曲旋律及歌词。

我们的探索之：白板音乐教学的教学程序及组织策略

1. 歌唱活动教学程序

第一，导入，可通过儿歌、故事引出歌曲主题。

第二，引导幼儿仔细听赏歌曲，也可运用辅助材料及情境创设，帮助幼儿感受、理解歌曲内容。

第三，鼓励幼儿在听辨歌曲旋律的基础上，用动作（拍手、拍腿、拍肩）表现歌曲的旋律和节奏。

第四，教师可以通过提问了解幼儿感受、理解歌曲的程度，并能用摘句演唱歌曲的形式来总结幼儿的回答。

第五，启发幼儿按歌曲的旋律和节奏朗诵歌词。

第六，鼓励幼儿听辨歌曲的旋律，把歌词装配进去。

2. 歌唱活动组织策略

策略 1　难点先至

根据歌唱活动中的难点，把这个节奏性提至学习歌曲的最开始，幼儿在学习活动开始的前十分钟是注意力最集中的时间，我们把难点前置，最先掌握难点。那么学习整首歌曲的时候就会觉得轻松自如了。如歌唱活动《唱唱"神秘洞"》的最后一句的节奏型与前面的节奏型是不同的，我把最后一句提前先学会。

策略 2　练声结合难点

结合歌曲中的难点，把节奏型用其他歌唱的方式唱出来，这样在学习歌曲的时候自然而然就一下子能唱出来了。如歌唱活动《秋天多么美》，教师一开始提问秋天来了，树叶唱起了歌，我们来听听它是怎么唱歌的，教师结合难点用树叶唱歌的方式念出来，接着提问谁也会唱歌，慢慢地把握难点节奏型。

策略3　动作提示

附点、弱起、休止这些节奏，幼儿在演唱的时候往往把握得不够好，我们就可以用动作来提示，比如用拍手提醒弱起演唱，用跺脚替代休止，用手指划个弧线说明附点，演唱时要延长一会儿。

我们的探索之：白板音乐教学的教师评价方法

1. 歌唱活动的教育价值

陶冶情操、启迪智慧、活跃思想、完善品格、锻炼身心。

包含多种音乐知识和歌唱技能，提高音乐欣赏能力。

2. 教师在歌唱活动中随机评价

（1）能否用自然的声音愉快地歌唱。

（2）歌唱时吐字是否清楚。

（3）歌唱时节奏是否正确。

（4）能否掌握正确的歌唱姿势：坐（站）姿。

（5）能否做到和大家一起唱。

（6）能否记住学过的歌曲。

（7）能否做到在日常生活中轻快地唱出歌来。

（8）能否独唱。

（9）能否有即兴创造自己曲调的要求。

我们的探索之：运用"媒体情景法"凸显活动的"趣"

多媒体在歌唱活动中的运用，不只是呈现图片、歌曲音乐或是歌曲课件，而是利用多媒体创设与主题有关的情境，巧妙地把各个环节有机串联起来，使活动环节自然流畅。

策略1　情景对话互动

多媒体具有形象性强的特点，但始终是教师操作，幼儿只能用眼睛看，如何让多媒体与幼儿之间产生更好的互动呢？我们可以运用"情景对话互动"策略，运用电子白板的交互作用，让幼儿与媒体中的角色进行对话，营造上下一体的互动氛围，有利于幼儿更快融入创设的情景中。

策略2　情景递进激趣

学唱歌曲的过程需要多次反复，是比较枯燥的，如何调动幼儿学唱歌曲的兴趣呢？"情景递进激趣"策略不失为一个好的策略。就是利用电子白板创设递进性变化的情景，唱一遍歌曲变化一下情景，教师从中有机渗透唱歌要求，这样能较好激发幼儿学唱歌曲的兴趣。

（二）白板音乐教学之歌唱活动的方案设计

小班音乐活动：大家一起唱歌

所属主题：《学本领》

主题核心价值：体会每个动物都有各自的本领，有兴趣地学做各种模仿动作。

设计思路：

幼儿对动物的认知和接触还处于比较粗浅的阶段，所以我从动物的外形特征、叫声等相对外在的特点入手，这样比较符合幼儿的认知规律，随着主题的推进再慢慢涉及动物的本领，它们与我们人类的关系等。

活动目标：

目标1　了解不同小动物听它们发出的不同叫声，对动物叫声产生兴趣。

目标2　学唱歌曲，并愿意模仿歌曲内容，进行大胆仿编。

活动过程：

步骤一　听听猜猜，引起兴趣

意图：听听猜猜，引发兴趣。

（1）今天有几个动物朋友要来做客了，听听是谁啊？

（点击白板播放动物叫声，鼓励幼儿猜一猜）

（2）让我们看一看，猜得对不对？

（师，边点击白板出示图片边模仿动物叫声，进行验证）

小结：我们用耳朵一听就明白，是哪个好朋友来了。

步骤二　欣赏感受，学唱歌曲

意图：理解内容，学唱歌曲。

（1）完整欣赏（一），熟悉旋律，理解歌词。

问题1　歌曲中的公鸡是怎么唱歌的？

问题2　小羊和小狗又是怎么唱歌的？

问题3　谁来做做小猫？

（2）完整欣赏（二），我们来学学小动物唱歌。（幼儿学唱歌曲）

（3）完整欣赏（三），鼓励幼儿用动作、声音模仿表现。

步骤三　拓展经验、尝试仿编

意图：拓展经验，尝试仿编。

第一步　你还知道哪些小动物会唱歌吗？

第二步　把它编到歌里去好吗？

第三步　进行模仿表演。

小班音乐活动：小猫歌

所属主题：《学本领》

主题核心价值：

体会每个动物都有各自的本领，有兴趣地学做各种模仿动作。

设计思路：

喜欢小动物是幼儿的天性，它们的叫声又是幼儿所熟悉的，此活动内容情节简单，充满童趣，形象鲜明突出，容易引起幼儿的兴趣，且游戏融入教学活动中，符合幼儿的年龄特点和学习特点。正如《纲要》中所述，"既符合幼儿的兴趣和现有经验，又有助于形成教育目标的新经验；既贴近幼儿的生活，又有助于拓展幼儿的经验。"

活动目标：

目标1　熟悉歌曲旋律，初步学唱歌曲，借助动作的提示，理解并记忆歌词。

目标2　培养幼儿感受与同伴之间交流的快乐。

活动过程：

步骤一　练习

发声练习。

步骤二　情境导入

师：（出示小猫头饰）小朋友们，老师手里面拿的是什么？对了，是小花猫，今天我们要学唱一首新歌，这首歌的名字就叫《小猫歌》。

步骤三　学唱歌曲

第一步　教师范唱幼儿欣赏

提问：（1）歌词里唱了什么？

　　　（2）小花猫是怎样叫的？

第二步　再次欣赏歌曲，进一步感受歌曲的节奏及歌词内容

（1）教师范唱第一段歌曲。

问题1　歌词里都有谁？

问题2　小花猫在做什么？

（2）教师范唱第二段歌曲。

提问：猫妈妈有没有找到小花猫？

第三步　学唱歌曲

（1）教师分句教唱。

（2）教师带领幼儿完整唱歌。

（3）带领幼儿跟着伴奏完整唱歌，一边唱歌一边表演。

第四步　复习歌曲

（1）教师扮演老花猫，幼儿扮演小花猫戴上头饰演唱歌曲。

（2）按歌曲分两组接唱，边唱边做动作，一组扮演小花猫，一组唱扮演老花猫。

小班音乐活动：我的小汽车

所属主题：《小司机》

主题核心价值：

了解常见车辆的不同外形，体验车辆给我们带来的方便。

设计思路：

孩子们对汽车的名称和功能有一定的知识经验。根据新纲要中的："提供幼儿自由表现的机会，鼓励幼儿用不同的形式大胆表达自己的情感，尊重每个幼儿的想法和创造的指导精神为依据"，并结合汽车这个主题而延伸的一个活动。让幼儿对各种各样汽车的经验得以提升，让幼儿在充分感知汽车不同功能的基础上，用艺术的手法创造性地表现汽车，充分体验想象、创造的乐趣，特设计了此活动。

活动目标：

1. 欣赏歌曲《我的小汽车》，并逐渐学唱完整的歌曲。

2. 在跟唱中模仿汽车的叫声，体验模仿开车的快乐。

活动过程：

步骤一　欣赏歌曲

（1）过渡：今天老师带来了一首很好听的歌，想听吗？

（2）欣赏歌曲第一遍。

问题1　在这首歌里你听到有什么？

问题 2　你听到小汽车是怎么叫的？

小结：我们在歌曲里听到了小汽车，汽车叫起来是"笛笛笛"的。

步骤二　学唱歌曲

（1）欣赏歌曲第二遍，边欣赏歌曲边观察图示。

提问：在这幅图片上你发现了什么秘密？（汽车的尾巴冒烟了——把音延长一拍；喇叭上有叉叉——休止符。）

（2）再次看着歌词图示清唱一遍，模仿动作清唱一遍。

（3）欣赏歌曲第三遍，一起跟唱歌曲。

步骤三　游戏

第一步　提问

小汽车除了会"笛笛笛"地叫，还会怎么叫？

小结：汽车除了会"笛笛笛"地叫，还会"嘟嘟嘟（叭叭叭）"地叫。

第二步　游戏：小司机

（1）选"一辆车"挂牌，挂在脖子上，手持"方向盘"，模仿小司机开车，并在跟唱中模仿汽车的叫声。

（2）整合红灯停，绿灯行（经验提升）。

小班音乐活动：走路

所属主题:《小兔乖乖》

主题核心价值：

爱听童话故事，喜爱观察照顾小兔，并有兴趣参加装扮活动。

设计思路：

《指南》中指出，3-4岁幼儿艺术领域的发展目标有喜欢听音乐，能用声音、动作模拟自然界的事物。根据小班幼儿对各种小动物特别喜爱的情感，让幼儿通过各种感官来感受音乐，表现音乐。激发幼儿对音乐活动的兴趣，学会用音乐活动的形式来表达自己喜爱小动物的情感。

活动目标：

引导幼儿在模仿小动物走路的活动中获得快乐，并能情绪愉快地参加音乐活动。

活动过程：

步骤一　韵律活动《有趣的歌声》

（1）今天，我们这儿来了好多小动物，它们想请宝宝们和它们一起唱歌哦！

（2）跟随歌曲《有趣的歌声》进行律动。

步骤二　学习歌曲表演《走路》

（1）出示图片：看看图片，谁走过来了？

（2）小结：小鸭子、小乌龟、小花猫，它们一个一个地走来了。

（3）听歌曲。

它们是怎么走来的呀？我们再来听听看好吗？

问题1　小兔是怎么走路的呀？

问题2　小鸭子是怎么走路的呀？

问题3　小乌龟是怎么走路的呀？

问题4　小花猫是怎么走路的呀？

小结：小兔子走路跳跳跳，小鸭子走路摇摇摇，小乌龟走路爬呀爬，小花猫走路静悄悄。（歌词小结）

（3）再次听歌曲，根据歌曲进行肢体模仿。

观察要点：幼儿是否对音乐活动感兴趣，是否愿意模仿动物走路。

步骤三　小动物做游戏

（1）幼儿跟随音乐唱歌曲。

（2）幼儿跟着录音边唱歌曲边模仿小动物走路，比比谁模仿得最像。

小班音乐活动：摘苹果

所属主题:《苹果和橘子》

主题核心价值：

认识常见水果的名称，感知它们明显的特征。

设计思路：

本次活动的素材选自小班学习活动"苹果和橘子"主题，旋律重复，歌词简短，富有情境。为了更好地帮助幼儿体验、理解和记忆，激发幼儿学习的兴趣，根据歌词内容设计了摘苹果的游戏情境。从任意歌唱到快乐游戏，在自主氛围中引导幼儿主动参与歌唱活动，鼓励幼儿把自己内心的体验用肢体动作表现出来。

活动目标：

1. 欣赏歌曲，理解歌词，初步学会演唱歌曲《摘苹果》。

2. 在与同伴、教师一起去果园摘水果的情境中歌唱，萌发对水果的喜爱之情。

活动过程：

步骤一　发声练习——激发兴趣

（1）发声练习《我的小汽车》。

（2）情境导入：今天我们的小汽车上来了许多小朋友，我们和他们一起去看看吧。

步骤二　学唱歌曲——熟悉旋律理解歌词

（1）初步听赏歌曲，感受旋律和歌曲内容。

关键提问：你们听到了什么？

小结：原来是小朋友们在果园里摘苹果。

（2）再次听赏歌曲，理解记忆歌词内容。

教师将幼儿听到的歌词内容清唱出来。

问题1 树上有许多红苹果，小朋友们是怎样把它们摘下来的？

（教师鼓励幼儿用肢体动作表现）

问题2 小朋友喜欢吃苹果吗？为什么？

小结：教师摘句播放伴奏音乐，验证幼儿回答。

（3）幼儿根据旋律节奏拍手，巩固对歌词的理解。

步骤三 完整演唱

（1）引导幼儿轻声跟唱。

通过白板图标暗示，引导幼儿轻声跟唱。

（2）分组演唱。

（3）集体演唱。

（4）游戏：摘苹果。

小班音乐活动：小老鼠和猫

所属主题： 非主题

设计思路：

《指南》中指出，3—4岁幼儿艺术领域的发展目标有喜欢听音乐，能用声音、动作模拟自然界的事物。小班幼儿对小动物感兴趣，尤其喜欢模仿小动物的声音和动作。结合《指南》中的目标和小班幼儿的年龄特点，设计了《小老鼠和猫》这一音乐活动。这首歌曲是一首原创歌曲，符合小班幼儿的音域特点，整首曲子的音域从 do 到 sol。歌词生动有趣，节奏活泼。

活动目标：

在猫捉老鼠的情境中感受歌曲的旋律，愉快地跟唱歌曲《小老鼠和猫》，体验音乐活动的快乐。

活动过程：

步骤一 我爱我的小动物——发声练声

（1）模仿小青蛙的叫声——呱。

（2）模仿大公鸡的叫声——喔。

（3）模仿小羊的叫声——咩。

过渡语： 还有哪些小动物来了？请听一首有趣的歌。

步骤二 小老鼠和猫——感受旋律，了解歌词

（1）欣赏歌曲，了解歌词大意。

关键提问：听听歌曲有谁？

小结：歌曲里有小老鼠和猫。

（2）再次欣赏歌曲，解读歌词。

关键提问：歌曲里说了什么？（按幼儿回答出示图片，整理歌词顺序。）

（3）幼儿跟唱歌曲，熟悉歌词。

（4）教师与幼儿分角色唱《小老鼠和猫》。

步骤三　捉迷藏游戏——体验音乐游戏的快乐

幼儿扮演小老鼠躲猫猫。

附歌谱：

小老鼠和猫

C＝4/4

5 5 3 1 2 2 2

小老 鼠呀 吱吱 叫

1 1 1 3 2 2 2

看到 小猫 在睡 觉

X X X X X X

一只 猫 两只 猫

X X X X X X X

三只 四只 五只 猫

<u>3 5</u>　<u>3 5</u>　<u>2 2</u>　2

小猫　小猫　喵喵　叫

<u>5 5</u>　<u>3 1</u>　<u>2 2</u>　1

小老　鼠呀　快快　跑

小班音乐活动：小猫去钓鱼

所属主题：非主题

设计思路：

小班对《小猫钓鱼》的故事感兴趣，结合《指南》中的目标和小班幼儿的年龄特点，设计了《小猫去钓鱼》这一歌唱活动。这首歌曲符合小班幼儿的年龄特点，而且歌词重复性强，浅显易懂又富有情趣的语言和六度的音域，更符合小班幼儿的年龄特点和生活经验。

活动目标：

在看看、玩玩、学唱歌曲《小猫去钓鱼》的过程中，尝试跟着音乐节奏游戏，体验音乐活动的快乐。

活动准备：

音乐、头饰、钓鱼竿等。

活动过程：

步骤一　小动物的叫声——发声练声

（1）小鸡怎么叫？——叽叽叽。

（2）小鸭怎么叫？——嘎嘎嘎。

（3）小羊怎么叫？——咩咩咩。

（4）小猫怎么叫？——喵喵喵。

（5）青蛙怎么叫？——呱呱呱。

步骤二　小猫钓鱼——欣赏歌曲

（1）完整欣赏。

问题1　小猫在干什么？

问题2　你听到小猫唱了些什么？

（再来听一听，帮小猫数一数，到底钓了多少鱼？）

（根据幼儿说的，教师清唱）

（2）分段欣赏。

问题1　小猫钓了几条鱼？

问题2　小猫是一下子钓起五条鱼的吗？

问题3　我们一起来帮它数一数。

小结：根据歌词进行小结。

步骤三　小猫去钓鱼——游戏

（1）介绍游戏规则。

（2）游戏。

（3）小鱼回家了。

小猫去钓鱼

3　6　　5　3　|1—　|3　6　　5　3　|1—　|

小猫　去钓　鱼　　小猫　去钓　鱼

　6　　　　6　|5　3　|2　2　　3　2　|1—　|

　钓　　呀　钓呀　钓了　许多　鱼

★ ★　　★　|★ ★ ★　|★ ★ ★　|★ ★ ★　|

一条　　鱼　　钓上来　两条鱼　钓上来

★ ★　　★ ★　|★ ★ ★　|★ ★ ★　|★ ★ ★　|

三条　　四条　钓上来　五条鱼　钓上来

　6　　　6　|5　　3　|2 2 3 2 |1—　|

钓　　　呀　钓　呀　钓了许多　鱼

中班音乐活动：我是中班的小朋友

所属主题：非主题

设计思路：

孩子从小班升到中班是一个挑战和转变的过程。孩子的理解力、表达力都有很大的提升和改变，对歌唱活动的兴趣更浓了。结合孩子的发展，老师预设了本次活动，旨在鼓励孩子用正确的姿势和自然的声音愉快地演唱，体会成长的快乐。

活动目标：

目标1　理解歌词内容，学会用正确的姿势、自然的声音演唱歌曲。

目标2　乐意用歌声表达升中班的情感，体验成长的快乐。

活动过程：

步骤一　律动《郊游》入室

师：小朋友现在是中班小朋友了，接下来我们一起去参观一下我们中班的教室吧。

步骤二　练声《大猫小猫》

师：在小班时小朋友们都学过了歌曲《大猫小猫》。现在请小朋友们跟着老师一起唱《大猫小猫》。

步骤三　播放音乐，引导幼儿理解歌词内容

第一步　教师完整播放音乐幼儿欣赏

师：今天老师带来了一首好听的歌曲《我是中班小朋友》，现在我们一起来听听歌里唱了什么？

第二步　教师运用白板出示图谱

（1）师：刚才的歌曲里唱了什么？（个别幼儿回答）

（2）师：哦，小鸟，那小鸟在干什么？（个别幼儿回答）

（3）师：对了，小鸟在喳喳叫。接下来又有谁？（个别幼儿回答）

（4）师：说对了，是太阳公公，太阳公公的表情怎么样？（个别幼儿回答）

（5）师：太阳公公在眯眯笑。最后还有谁？表情是怎么样？（个别幼儿回答）

（6）师：最后是小朋友，他很高兴，那小朋友要去干什么？（个别幼儿回答）（我们开学了，我们爱学习，我们有礼貌，我们是中班的小朋友）

（7）师：原来呀是开学了，小朋友很高兴地去幼儿园。小鸟喳喳叫，太阳公公眯眯笑，小朋友多高兴，我们开学了，我们爱学习，我们有礼貌，我们是中班的小朋友。

第三步　教师完整念一遍歌词

（1）师：现在老师来念一遍歌词，请小朋友们认真听歌词里是不是和刚才小朋友们说得一样。

（2）师：现在请小朋友们跟着老师一起念歌词。（教师带领幼

儿有节奏地念歌词）

步骤四　教师完整演唱歌曲，幼儿欣赏

师：现在老师来完整演唱一遍歌曲《我是中班小朋友》，请小朋友们认真听。

步骤五　幼儿学习歌曲

第一步　师生完整演唱

第二步　分组演唱

（1）师：等一下我们来分组演唱歌曲，第一组第二组的小朋友唱前面一句"小鸟喳喳叫"，三、四、五组的小朋友唱后面一句"太阳眯眯笑"。第一组第二组的小朋友唱一句，三、四、五组的小朋友接下去唱后面一句。

（2）幼儿分组接唱。

第三步　请个别幼儿演唱

（1）师：刚才小朋友都唱得很棒，现在我请唱得最好听的小朋友来唱这首歌。（个别幼儿演唱）

（2）个别幼儿演唱。

第四步　幼儿集体完整演唱一遍

师：小朋友都唱得很好听，接下来请小朋友们跟着老师的琴声再一起唱一遍歌曲《我是中班小朋友》。

中班音乐活动：大声唱歌

所属主题：《在农场里》

主题核心价值：

喜爱动物，有兴趣了解家禽、家畜和人们生活的关系。

设计思路：

《大声唱歌》这首歌是范晓萱演唱的一首儿童歌曲，歌曲节奏轻快、内容有趣。歌中有许多可爱的家禽动物，也是孩子们比较熟悉和喜欢的。作为一节欣赏活动，在让孩子们听赏的同时，歌曲中也涉及了一些音乐元素：比如，声音的强弱、节奏的快慢等。因此，设计了这节活动，希望通过这节活动，对于中班幼儿在节奏的探索上有一些帮助！

活动目标：

欣赏歌曲《大声唱歌》，尝试分辨歌声中音色的强弱，并能用声音及相应乐器表现歌中角色声音的变化。

活动过程：

步骤一　听歌曲，找角色

（1）欣赏歌曲《大声唱歌》。

（2）提问。

问题1　歌曲中有谁？

问题2　它会发出什么声音？

问题3 听听找找少了谁？

（3）教师将对应的角色图片在白板中出示。

步骤二 分角色，辨声音

（1）幼儿听辨角色唱歌声音的大小并进行归类。

问题1 找一找，在这些朋友当中，谁是大声唱歌的，谁是小声唱歌的？

问题2 大声唱歌对应的好朋友又是谁？

（2）师生共同验证角色大小声音归类正确性。

（3）幼儿声音表现大声的角色和小声唱歌的角色。

（4）师生根据声音强弱分组对唱。

步骤三 乐器一起来唱歌

（1）听声音，猜乐器。

教师逐一敲击乐器，请幼儿说出乐器的名称。

（2）个别幼儿探索操作乐器表现声音强弱。

提问：找一找你想用什么乐器表现角色的大声和小声唱歌，如何表现？

（3）集体合作用乐器表现歌曲《大声唱歌》。

中班音乐活动：大鞋和小鞋

所属主题：《身体的秘密》

主题核心价值：

1.认识自己身体主要部位的外部特征，体验它们的作用。

2.运用测量及比较的方法，体验自己在长大，并为自己长大而高兴。

设计思路：

模仿成人世界是孩子的天性，并且在小班玩娃娃家的时候已经发现我们班的孩子们非常乐意穿着爸爸妈妈的大鞋子走来走去，根据孩子的这一兴趣点，因此选择了《大鞋和小鞋》这一素材。这首歌曲欢快并富有趣味性，特别是前后两段在速度和力度上有变化，唱爸爸的鞋子和宝宝的鞋子时，有鲜明的声音对比。中班幼儿音乐教育目标中"引导幼儿对生活中声音的高低、强弱、长短及不同音色等有自己的感受"，因此通过这样一个活动，旨在让幼儿感受两种不同的音乐，在表演的情境中满足他们的需要，感受歌曲的趣味性。

整个活动先从感受大鞋、小鞋穿在脚上的不同感觉开始，然后欣赏歌曲，重点感受歌曲中大鞋和小鞋的两种不同力度的音乐形象，理解歌曲中的比喻，感受到歌曲中的诙谐有趣，尝试表达穿上大鞋和小鞋的不同感觉和不同声音，最后学习完整演唱歌曲。

活动目标：

目标1　欣赏歌曲，感受其中的有趣诙谐和力度变化。

目标2　尝试用多种方式表达出其中的力度不同（演唱、节奏、动作等）。

活动过程：

步骤一　练声

师生打招呼练声

要求：坐半个小椅子、微笑、用好听的声音……

步骤二　感受与欣赏

（1）师："今天，老师带来了爸爸的鞋和娃娃的鞋，让我们来穿一穿，看穿爸爸的鞋与穿娃娃的鞋有什么不同的感觉？"

（2）欣赏歌曲。"穿上大鞋和小鞋，会发出不同的声音，你听到了吗？"

（3）教师和孩子一起模仿大鞋和小鞋发出的不同声音和节奏。

（4）教师和孩子一起用演唱或者拍手的方式表达其中的节奏。

步骤三　学唱歌曲——理解歌词内容

（1）再次欣赏教师的范唱（教师可根据歌词内容将第一段唱得强，第二段唱得弱）。

（2）为什么发出的声音不一样呢？教师和孩子一起分析原因解释。

（3）如果让你用动作来表达，你会怎样表达呢？

（4）孩子们一起用自己的脚步演绎两种不同的脚步。

步骤四　演唱歌曲——表达不同的力度

（1）教师指导孩子们听清歌词演唱歌曲。

（2）教师指导孩子演唱时注意两种不同脚步的力度。

步骤五　音乐游戏

一起玩《抢椅子》游戏。

中班音乐活动：秋天

所属主题：《在秋天里》

主题核心价值：

（1）感知秋天的季节特征，观察各种动植物的变化。

（2）了解秋季人们如何收获农作物，乐意参加各种收获活动，体验丰收的喜悦。

设计思路：

伴随着主题的进入，孩子们感受到了秋天的变化，树上的叶子落下来了，落在了草地上、房子上、屋顶上，等等，并对树叶也有了进一步的观察，有的小朋友发现了树叶的颜色是不一样的，落叶的形状也是不一样的。于是从《学习活动》中选择了这样一个比较切合生活的内容，用歌曲的形式来分享幼儿之间的经验，歌曲本身旋律优美，朗朗上口，易于中班幼儿学习演唱。活动的形式也是丰富多样的，通过节奏、落叶进一步激发幼儿的活动兴趣。

活动目标：

目标1 感知歌曲的音乐性质，用抒情优美的声音来演唱。

目标2 感受深秋季节树叶飘落时的情景。

活动过程：

步骤一 欣赏树叶飘落

（1）师：秋天来了，小朋友都看到了秋天的落叶，它们都落在了什么地方？（幼儿跟着节奏：秋天的落叶落在……）

（2）小结：原来秋天的树叶会落在这么多地方，真可爱啊！

步骤二　欣赏感受乐曲

（1）师：秋姑娘来了，她给小朋友带来了好听的歌曲，我们一起来听一听。

（2）欣赏歌曲，说说歌曲里有什么。

（3）师：听上去是什么感觉？

（4）师：这么好听的歌曲，请你用自己的动作告诉老师你看到了什么。

（5）师介绍歌曲内容。

教师用树叶撒落，让幼儿欣赏树叶飘落的样子。

——这首歌曲是秋姑娘带来的，唱了秋天落叶的故事，请你来学学树叶飘落的样子。

（6）集体尝试。

——我们一起来做落叶飘落吧！

步骤三　快乐舞动

（1）幼儿想象成不同的树叶宝宝，尝试用肢体动作表现落叶飞舞的情景。

（2）幼儿可单独或自由结伴。

步骤四　游戏：扫落叶

（1）介绍玩法。

第一遍音乐——幼儿四散地边唱边做树叶飘落的动作。

第二遍音乐——一位幼儿扮演扫落叶的工人，按音乐节奏边走边做扫落叶的动作，扫到哪个小朋友，该幼儿就站立不动，形成一个飘动的造型，直至本段结束，数一数共扫了几片树叶。

（2）幼儿游戏数遍。

中班音乐活动：颠倒歌

所属主题：非主题

设计思路：

这首歌曲节奏清晰、平稳，歌曲形象、生动，最有趣的是歌词幽默、风趣，它十分真实地描绘出了一幅诙谐逗乐的动物场景。幼儿对这些描绘既新奇又熟悉，这让幼儿在学唱这首歌曲时感到轻松、愉快，在快乐的唱歌活动中得到身心全面健康的发展。

活动目标：

目标1　在熟悉音乐节奏的基础上学唱歌曲。

目标2　感受歌曲的诙谐、幽默，体验音乐活动的快乐。

活动过程：

步骤一　开始部分

引导：小朋友，你们喜欢哪种动物？请你们学着动物的样子跟着音乐走一走。

步骤二　基本部分

第一步　过渡

在茂密的大树林里住着许多动物，狮子是树林里的大王！有一天晚上狮子睡着了，做了一个奇怪的梦，你们想知道它做了一个什么样的梦吗？

第二步　欣赏歌曲、理解歌词

教师说唱歌词：小小老鼠树林里面称大王，大狮子害怕那个小老鼠……事情全颠倒，哈哈！你说多可笑。

提问：大狮子在梦里发生了什么事情呢？

大狮子梦里的这些现象跟我们知道的现象一样吗？

小结：动物之间的现象全反了。反了有个好听的名字叫"颠倒"。今天我们把大狮子的梦编成了一首歌，给它起了个名字叫《颠倒歌》，我们一起听听好吗？

播放歌曲《颠倒歌》，幼儿欣赏。今天我们想学这首歌，必须闯过五关。

第三步　学习《颠倒歌》歌曲节奏的乐谱

白板出示有节奏的乐谱：第一关：（1）xx xx 第二关：（2）x x 第三关：（3）x － 第四关：（4）x x x 第五关：（5）x o 指导幼儿用手拍一拍。

第四步　学唱歌曲

（1）听歌曲《颠倒歌》出示简谱，幼儿把歌曲完整地学一遍。

（2）引导幼儿说一说称大王是什么样子的？大象没力气怎么表现？（用语气和身体的动作来表现歌曲的诙谐幽默。）

（3）再次听歌曲，指导幼儿边唱边表演。

第五步　跟唱

听伴奏跟唱歌曲。

第六步　引导

引导幼儿说一说日常生活中有哪些颠倒的事情。

步骤三　结束

结束部分：我们一起坐上"火车"到大自然中找颠倒的事情。

中班音乐活动：小娃娃跌倒了

所属主题：非主题

设计思路：

《小娃娃跌倒了》这是一首叙事性的幼儿歌曲，尽管歌曲篇幅不长，却非常工整。特别是这首歌曲的歌词十分简洁，短短四句歌词人物事件交代得清清楚楚，形象生动感人。这首歌曲叙事性很强，加之歌曲速度的变化，更加形象地表现出主题内容。因此，活动中要花大量时间让幼儿欣赏作品，体会作品的内在含义。让幼儿通过自己的演唱，在亲身体验后发现歌曲的难点，这是引导幼儿学习有目的地体验的一种很好的办法。

活动目标：

目标1 在反复听赏与感受中理解歌曲内容，有初步学唱的欲望。

目标2 知道自己长大了，要学着关心帮助身边的人。

活动过程：

步骤一 看表演，听故事

（看大班哥哥姐姐表演情景剧）

师：路边发生了一件什么事情？（丰富词汇：跌倒、摔倒）

步骤二 听歌曲，学歌

（1）介绍歌曲名称。

（2）完整欣赏歌曲。

提问：路边有个小娃娃怎么了？她摔疼了吗？你从哪里听出来的？歌曲里的"我"看见了是怎么做的？她为什么要快快地跑？你如果碰到了这样的事会怎么做？你喜欢歌曲里的那个"我"吗？

（3）再次欣赏，引导幼儿发现歌曲最后三句的速度变化。

提问：老师在演唱时有时快有时慢，你们发现了吗？哪一句唱得特别快？为什么要唱得那么快？最后两句又有什么变化？（老师边唱边表演最后三句）

步骤三　唱歌曲，做表演

（1）初步学唱。

师：你觉得这首歌曲好听吗？哪些地方有点难唱？（第二、三句的高音）

（2）再次学唱。

（3）模仿老师的动作进行歌曲表演。

中班音乐活动：冬眠的小熊

所属主题： 非主题

设计思路：

《冬眠的小熊》旋律优美缓慢，有上行和下行的旋律特点。歌词内容浅显而易懂，不仅生动地描绘了冬眠的小熊呼噜噜噜噜的鼾声，而且蕴含了秋冬交替和小熊冬眠的科学常识。教学内容符合中班幼儿年龄特点。

活动目标：

目标1 感受歌曲优美缓慢的旋律，能用自然好听的声音和动作表现冬眠的小熊。

目标2 在扮演小熊冬眠的过程中体验歌唱活动的乐趣。

活动过程：

步骤一 谈话导入

师：现在是什么季节呢？那现在的森林里会是怎么样的呢？小动物们都在干什么呢？

幼（预想）：冬天！都是雪。打雪仗，堆雪人……

步骤二 欣赏歌曲，熟悉旋律，知道小熊冬眠

第一步 欣赏音乐，初步熟悉旋律，感受音乐优美缓慢的特点

（1）（放音乐前）师：老师呀，带来了一首好听的歌曲，说的呀，

就是冬天的时候，森林里的小熊在干的事情，我们一起来听一听。

（2）随着音乐节奏带领孩子们感知音乐节拍。

（3）（放音乐后）师：这一首歌说了什么？接下来我们再仔细地听一遍，听听这首歌里具体是怎么说小熊冬眠的？

幼（预想）：小熊！在睡觉（有小朋友能喊出冬眠）。

第二步　欣赏歌曲，了解歌词，知道小熊冬眠

（1）（放音乐后）师：有谁知道小熊是怎么冬眠的？

幼（预想）：他在树洞里。

（2）师：那什么是冬眠呢？冬眠呀，就是在冬天的时候为了适应寒冷的环境开始不活动，进入睡眠状态。

步骤三　学唱歌曲，感受并模仿表现小熊"呼噜噜噜噜"的呼噜声

第一步　运用白板出示图谱让孩子们学唱歌曲

（1）师：老师今天带来了一幅好看的画，它讲的呀，就是这首歌，我们一起来看一看。（出示图谱）

（2）根据图谱中的图案引导孩子说歌词。

第二步　尝试用歌声表现小熊"呼噜噜噜噜"

（1）师：小朋友们有没有注意到这首歌里小熊的呼噜声是怎样的？我们一起再听一下。

（2）教师演唱歌曲，提示幼儿接唱"呼噜噜噜噜"，教师的手随音的下降慢慢下移，引导幼儿模仿。

大班音乐活动：我爱北京天安门

所属主题：我是中国人

主题核心价值：

1. 了解我国的首都是北京，北京有天安门、长城等。

2. 培养爱祖国、爱国旗的情感。

设计思路：

去过北京的幼儿及家长大多都有在天安门城楼前的留影，这一现象引起了幼儿的关注。随着对天安门的深入了解，他们喜欢上了首都的这个标志性建筑。歌曲《我爱北京天安门》旋律优美、歌词儿童化，适合幼儿用唱歌的方式来表达自己的感情。作为一首4/4拍的歌曲，能丰富幼儿对四拍节奏的体验，提高节奏感。

活动目标：

目标1 用拍打节奏、演唱歌曲等各种方式自主地表达对天安门的喜爱。

目标2 感受四拍音乐的旋律，增强对歌曲节奏的敏感性。

活动过程：

步骤一 交流喜爱天安门的理由

问题1 你知道天安门在哪里吗？

问题2 你喜欢天安门吗？为什么？

小结：喜欢天安门的理由有许多，不仅我们喜欢，所有的中国人都喜欢，因为天安门已经成为中华人民共和国的首都北京的标志性建筑之一。为了表达对天安门的喜爱，很多音乐家创作了不少和天安门有关的歌曲。

步骤二　欣赏歌曲《我爱北京天安门》

问题 1　这是一首几拍的歌曲？

问题 2　你能找到它的节奏吗？

问题 3　你是用什么动作拍打音乐节奏的？

问题 4　这首歌曲里说了什么？

步骤三　学唱歌曲《我爱北京天安门》

难点：体会四拍音乐的旋律。

重点：在理解歌词的基础上，让幼儿有表情地歌唱，表达热爱天安门的感情。根据幼儿的兴趣需要，可反复歌唱。

大班音乐活动：龟兔赛跑

所属主题:《动物大世界》

主题核心价值：

1. 了解常见动物不同的特点及其与周围环境的关系，有进一步探索动物生活习性的愿望。

2. 对动物奇特的想象和特殊本领感到好奇，体验探索动物世界的乐趣。

设计思路：

京剧是我们中国的国粹，在大班上学期的主题活动中，孩子们已经学过《京剧脸谱》的绘画活动和《戏说脸谱》的京剧演唱。孩子们通过视频欣赏经典京剧片段和学习基本的圆场步以及京剧中乐器的演奏方式等，孩子们已经对京剧有了初步的认识和浓厚的兴趣。我国的经典故事《龟兔赛跑》是孩子们再熟悉不过的了，从故事到动画片孩子们都是喜闻乐见的，而把孩子喜欢的童话故事和我们的国粹京剧结合起来，则是更艺术和更完美的结合，也更能激发孩子们的兴趣。孩子们可以通过学唱京歌"龟兔赛跑"来更加了解京剧，了解我们的民间艺术，喜欢用京剧的方式演唱和表演歌曲。

活动目标：

目标1 初步尝试运用西皮短促、托长腔、婉转的方法演唱京歌《龟兔赛跑》。

目标2　体验用小组及齐唱的方式演绎京歌的乐趣。

活动过程：

步骤一　完整欣赏，激发兴趣

第一步　欣赏歌曲《龟兔赛跑》

提问：这首歌曲和我们平时唱的有什么不一样？

小结：这是一首用京剧西皮曲调来唱的"龟兔赛跑"，所以我们在学唱的时候要注意京腔的味道，要用拖长腔、婉转的方法唱。

第二步　再次欣赏歌曲，熟悉歌曲内容

（1）提问：你们听到了什么？

（2）回顾内容，学习演唱。

难点：学唱京腔京韵的演唱风格

第三步　小游戏：歌曲接龙

步骤二　学习看白板图谱分别用小组唱和齐唱的方式演绎歌曲

（1）出示图谱。

提问：图谱中这几张图片是什么意思？你们看明白了吗？

（2）尝试看图谱演唱歌曲。

重点：学会看图谱运用小组及齐唱的方法演唱歌曲。

步骤三　分组演唱，体验唱京歌的乐趣

（1）幼儿自由结伴分两组，商量用其他方法摆放图谱进行演唱。

（2）分别交流。

步骤四　延伸部分

提问：还可以用什么方法来演唱这首歌呢？还可以用到哪些图谱呢？感兴趣的小朋友可以在表演游戏时再讨论一下，下次来表演给大家看。

大班音乐活动：三只猴子

所属主题：非主题

设计思路：

《三只猴子》是一首诙谐幽默的儿童歌曲，旋律简单，歌词有趣，通俗易懂，深受小朋友们的喜爱。歌曲表现了小猴子在床上蹦蹦跳跳以及摔了跟头的情形，这种情形与幼儿的生活有着密切的联系。三只猴子调皮可爱像极了现实生活中的孩子们，他们能从歌曲中找到自己生活中的影子，很容易引起情感共鸣。本次活动根据幼儿的年龄特点，以顽皮的小猴子为音乐素材，让孩子们根据图谱有节奏地模仿小猴子跳的过程并感受歌曲的节奏，体会歌曲幽默、诙谐的风格和逐步学唱歌曲。同时教育孩子养成初步的安全意识，懂得不能在高的地方乱跳。

活动目标：

目标 1 感受歌曲幽默诙谐的情绪，体验歌唱活动的乐趣。

目标 2 在听听、说说、玩玩的过程中理解歌曲内容，逐步学唱歌曲。

目标 3 尝试用不同的节奏表现歌曲，培养幼儿感知节奏的能力。

活动过程：

步骤一 欣赏歌曲，理解歌词

第一步　倾听《三只猴子》音乐

——今天老师带来一首很好听的歌曲，我们一起来听一听。

第二步　提问

你听到了什么？歌是唱谁的？它们发生了什么事？有几只猴子？三只猴子在干吗？（三只猴子在床上跳）后来怎么啦？（有一只猴子头上摔了一个包）妈妈怎么啦？（妈妈急得大声叫）叫它干吗？（赶快下来别再跳）

第三步　互动

教师根据幼儿回答点击白板出示图片，帮助幼儿清楚歌曲内容。幼儿每说一个内容，教师就唱出这部分歌词，直到播放的内容全部用图片表示出来。我们给这首歌取一个名字叫什么？

步骤二　节奏游戏，感知歌曲

（1）小朋友们知道小猴在床上干什么？为什么猴子的头上会摔了一个包呢？怎样跳头上才不会起包呢？

小结：如果我们有节奏地跳，头上就不会摔出包。

（2）播放音乐一遍，幼儿站在原地，跟着节奏尝试跳。

（3）刚才，我们是按自己的节奏随意跳，教师出示小卡片X，出示节奏 | X　X　X　X | 要求幼儿按照每一句跳四下的方法跳一跳。配班老师给出前奏，教师清唱歌曲第一段。约定前奏不动，音乐起才开始跳。

（4）幼儿三人一组，扮演三只猴子，手拉手跳节奏 | X　X　X

X｜教师清唱歌曲第一段。

（5）（这个节奏我们全会跳了，现在更难了，我们换成这样）。

更换节奏｜X X X XX｜观察XX这个一拍要跳两下，就要比前面的快一些，教师唱，幼儿用手拍出节奏。哪只小猴子想来试一试。（一人示范）愿意和他一起跳的准备，幼儿三人一组跳出节奏｜X X X X X｜再次更改节奏型｜X X X X｜谁会这样跳，请一名幼儿上前示范，再次出示｜X X X X｜和｜X X X X｜。

（6）分组练习。幼儿三人一组，自己编一个节奏，跟着音乐（三段）跳。教师每组进行指导。

（7）分组练习后，教师把幼儿练习的节奏类型都出示在了白板上，进行集体练习。此时要求其他幼儿和教师一起进行伴唱。

（8）合作练习。一句歌词有四拍，有三只猴子，每人跳一拍，还多出一拍怎么办？教师让孩子们商量出怎么分配跳拍子，得出最后一拍大家一起跳，幼儿自己商量谁跳哪一拍，幼儿集体三人一组跳节奏｜X X X X｜教师主动请三名跳得好的幼儿上前示范跳｜X X X X｜教师再次挑选三名跳得最好的幼儿上前跳｜X X X X｜。

（9）小结。小猴子要是像我们这样跳的话，头上一定不会摔出包了，因为我们会按节奏跳，才会比小猴子跳得更安全，头上才不会摔出包，我们一起唱一唱。幼儿听音乐，和音乐一起做动作唱。

步骤三　听歌曲的第四段，并对幼儿进行安全教育

提问：孩子们，最后这三只猴子都到哪里去了呢？（医院）我们一起来听一听。（播放第四段音乐）为什么小猴子都去了医院了？（是头上摔出包了）为什么会摔出包了？（从床上摔下来）那你想对小猴子说什么？（以后你别在床上跳了）对了，我相信小猴子听了你们的话，再也不会在床上乱蹦乱跳了，在床上乱蹦乱跳是一件很危险的事情，如果你想玩跳跳床的游戏可以让爸爸妈妈带你去，也可以像我们今天这样有节奏地跳。当然还可以和小伙伴们边唱边跳，这样一定会比小猴跳得安全，安全了我们才会开心。因为我们是大班的小朋友了，要学会保护自己。好了，小朋友们，我们一起去跳跳床上玩了，和大家说再见。

大班音乐活动：哆来咪

所属主题：非主题

设计思路：

美国电影《音乐之声》被誉为电影史上传颂最广的一部活泼温馨的音乐电影。歌曲《哆来咪》被翻译成中文后，也成了深受孩子喜欢的儿歌童谣，轻松诙谐的歌词让孩子们知道了"哆来咪发嗦拉西"这7个音符是学好音乐的基础。学习歌曲，体验歌曲活泼、诙谐的情趣，培养学生热爱音乐的兴趣。

活动目标：

目标1 感受歌曲欢快、有趣的特性，能看着图谱学习演唱歌曲"哆来咪"。

目标2 在欣赏"轮唱"的过程中，初步了解二声部轮唱的方法，并体会轮唱此起彼伏、连续不断的音乐效果。

活动过程：

步骤一 开始部分

出示小老鼠手指棒，小故事提问引出主题。

步骤二 学唱歌曲

（1）让幼儿猜猜小房子后面有什么？把门打开（点开电子白板中的"门"）让幼儿观察。

师：都有什么颜色？

幼儿：红、橙、黄、绿、青、蓝、紫，像彩色的小楼梯。

师：让幼儿欣赏老师弹奏的1、2、3、4、5、6、7、i。

提问：小老鼠是怎么走台阶的？（一步一步地往上走、一步一步地往下走）

（2）小老鼠学了本领，听音乐，让幼儿说一说小老鼠是怎么表演的。

幼儿：大步大步地走。

师：小老鼠越来越高兴，飞快地爬上了楼梯，唱起了歌，还邀请小朋友一起唱。

1、2、3、4、5、6、7、i——5、i，一边挥手一边唱。

（3）彩色的楼梯有一个好听的名字——音乐楼梯。

小老鼠想跟音乐楼梯学唱歌，请小朋友跟着小老鼠去听一听音乐中唱了哪些音符？

（4）放音乐，让幼儿欣赏。

幼儿：听到了1、2、3、4、5、6、7、i。

师：点击伴奏，教师再把歌曲唱一遍，让幼儿说一说教师唱了哪些好听的歌词？做了哪些动作？

教师逐一出示和音符相应的图片，然后放到音乐楼梯上（幼儿去找图片拖到相应的音乐楼梯上）：

1——是小鹿多灵巧

2——是金色阳光照

3——是我把自己叫

4——是向着远方跑

5——是穿针和引线

6——是紧紧跟着5

7——是茶点和面包

i——它把我们又带回1

（5）点击音乐伴奏，老师和幼儿一起唱

听音乐，一起唱，跟上表情、动作，前奏做自己喜欢的动作。

步骤三 请幼儿逐一运用白板，点击去掉音乐楼梯上的图片，听音乐，一起唱

（1）提问：除了图片还有什么可以帮助我们记住歌词？

（2）请幼儿起立，听音乐唱歌，做动作。

步骤四 让两个幼儿一组站到贴有图谱的垫子上，听音乐唱歌，做动作

唱到i时，i上的小朋友要跑到1上，其余的小朋友都要往上爬一层楼梯（2上的小朋友到3,3上的小朋友到4……），以此类推。

步骤五 活动延伸

坐在音乐楼梯上休息，幼儿猜出了歌曲的名字《哆来咪》，再请幼儿欣赏老师带来的好听的歌曲，歌曲是一部电影的插曲，可让幼儿去查一查电影的名字。

二、音乐游戏活动的方案优化

音乐游戏活动是让孩子们在游戏中学习音乐、感受音乐，并能及时地根据音乐的变化做出反应的一种游戏形式，能够培养孩子们的听觉辨别能力，发展敏捷的反应能力，是孩子们最喜欢的游戏形式之一。为了让孩子们更好地去感受音乐与音乐之间的不同，教师一般在一堂教学活动中要收集很多的音乐，让孩子们根据音乐去想象，并做出相应的动作。在游戏进行中，能否快速而有效地切换音乐，势必影响着整堂音乐活动的效果，决定了教师和孩子们面对面的互动效果。

我们选定相同素材的音乐游戏活动，分别对两个班级进行了不同的教学方法，一个班级采用 PPT 辅助教学的方法，另一个班级采用电子白板优化教学法。从中我们发现，在 PPT 中虽然可以插入音乐，不用教师反复切换窗口去播放音乐，但是教师每播放一段音乐，必须要回到操作台用鼠标瞄准相应的音乐图标后再点击播放。当孩子们对音乐表现的兴趣刚被激发出来时，教师却忙于寻找下一段播放的音乐，势必会影响教师与孩子们之间的互动，造成课堂效果的不理想。而电子白板简易的触摸式操作，方便了师生间的实时互动，教师一边播放音乐一边还能走进孩子们中间，进行直面的交流和面对面的演示，为孩子们的表现和展示提供了更多的机会。因此，电子白板优化法略胜一筹。

类型 特性	PPT教学法	电子白板优化法
耐用性	耐用	耐用
灵活性	较灵活	灵活
互动性	一般	强
趣味性	一般	强

我们的探究——好玩的音乐游戏

音乐游戏活动：《节奏接龙》

目标

培养幼儿听辨、模仿、创编节奏的能力，反应能力及合作能力。

游戏规则

接龙时，后者开头的节奏必须是前者结束时的节奏

游戏玩法

（1）教师播放节奏幼儿模仿。

（2）幼儿拍打节奏教师模仿。

（3）教师组织幼儿进行"节奏接龙"游戏，一个挨着一个创编自己的节奏，但必须做到后者创编的开头的节奏是前者创编的最后节奏。

游戏提示

（1）此游戏必须在模仿、创编节奏的基础上进行。

（2）在游戏中教师要耐心地一步步引导，教会幼儿注意力集中地听辨、记忆，这样才能有趣地进行游戏。

音乐游戏活动：《报名字》

目标

目标1 感知音乐的拍率与节奏。

目标2 培养幼儿口语表达能力及反应能力。

游戏规则

能按节奏说话者为胜者

游戏玩法

（1）教师播放4/4拍节奏，引导幼儿随着节奏挨个儿介绍自己的名字。

（2）教师让幼儿随着音乐节奏介绍自己的名字。

（3）可引导幼儿在1、2的基础上，改变说话的内容。

游戏提示

注意由浅入深，从1做起，然后发展到3。

音乐游戏活动：《谁的耳朵最最棒》

目标：

目标1 认识乐器，启发幼儿感受、听辨各种乐器发出的声音。

目标2 根据节奏，按指令更换相应的肢体动作。

准备

各种乐器声效准备：大鼓、沙球、铃鼓、小铃、木鱼等。

玩法

白板随机播放乐器声效，幼儿听辨乐器和节奏，随节奏用相应肢体动作表现。如：大鼓——踩脚，沙球——举手摇，铃鼓——拍腿，小铃——拍手，木鱼——拍肩（动作也可与孩子商量后决定）。

音乐游戏活动：《开火车》

目标

目标1 培养幼儿听辨能力、记忆力、反应能力及自觉的节奏感。

目标2 增强幼儿间的合作意识。

准备

白板制作节奏火车图一幅，车厢上有不同的节奏（是简单的）。

玩法

（1）教师出示一列火车，让幼儿观察与平时看到的火车有何不同（车厢上均画有各种货物）。这是一列"节奏火车"，每节车厢的节奏一样吗？（不一样）对，里面装了各种各样的货物送往全国各地，我们把各车厢的节奏拍打出来。

（2）教师可引导幼儿自编节奏，装上各种各样的货物送往全国各地。请幼儿换次序拍打自编的节奏。如，A幼儿拍打一个节奏，全体幼儿就跟着模仿A节奏，B幼儿接着拍打另一个节奏，全体幼儿即跟着模仿，依次类推进行游戏。

游戏规则

各自打出不一样的节奏。

三、律动活动的方案优化

律动活动是指在音乐的伴奏下，孩子们通过倾听音乐有规律地做出富有节奏感、韵律感的身体动作，在幼儿园音乐集体教学活动中是不可或缺的内容，也是孩子们特别喜欢的一种活动形式。孩子们通过对音乐的欣赏与理解，自主地创编动作，如何及时地记录幼儿的奇思妙想，最终整合到整段音乐中去，帮助幼儿完整地表达表现，对教师来说是一件比较有挑战的事情。

我们选定相同素材的一段律动音乐，分别对两个班级进行了不同的教学方法，一个班级采用传统教学结合 PPT 辅助的方法，另一个班级采用电子白板优化教学法，借助电子白板优化法进行教学。从中我们发现，教师用 PPT 进行教学，无法及时地记录幼儿想出的律动动作，只能用空白卡片进行现场绘画，贴在黑板上。有的动作靠教师直接记忆，一堂教学活动下来，教师的主导性占了大部分，幼儿参与活动积极性不高。运用白板优化法的律动活动，教师事先预设好孩子们可能创编的动作，将画好的动作图片储存于白板资源库，当幼儿创编动作时，直接拖入到白板显示框即可，整个操作很快就完成了，当孩子们想出的动作是教师事先没有预想的，教师或孩子们用绘图笔即刻在白板上进行现场绘画，画好的动作图片还可以在白板上任意拖动，孩子们可以随意改变动作图片的顺序，随着音乐进行表达表现，孩子们参与活动的热情高涨了，主动性也提高了。

小班音乐律动活动：《汽车嘀嘀》

活动目标

目标1 能感受音乐中开始和停止的变化，辨别音乐不同的表现方式。

目标2 通过开车、停车的体验，感受音乐活动带来的乐趣。

目标3 教育幼儿有序开车，做一个文明的小司机。

活动过程

步骤一 导入情境，引起幼儿兴趣

（1）白板显示马路场景。

师：你们喜欢开汽车吗？有没有看过爸爸妈妈开汽车？

师：想一想，爸爸妈妈是怎么开车的？（教师请幼儿自由回答）

（2）教师带幼儿玩开汽车的游戏。

教师出示红灯指示牌。

教师出示绿灯指示牌。

用红绿灯牌是为了给下面的韵律活动做铺垫，让孩子提前感受活动突然停止的感觉，在接下来的环节使幼儿能更快适应音乐，跟上节奏。

步骤二 欣赏音乐《开始和停止》，感受连续和停顿的节奏

（1）幼儿初次听音乐。

师：音乐播放完了，这个音乐好玩吗？你觉得哪里好玩？

教师引导幼儿说出突然停顿，和我们刚才开车一样。

（2）再次听音乐，感受音乐的开始和停止。

再听一遍音乐，教师通过提醒幼儿知道什么时候开车，什么时候停车。

步骤三　表现音乐

（1）白板出示轮子（教师介绍汽车轮子）。

师：音乐开始代表绿灯，小汽车是往前开还是停下来？音乐停下代表红灯，小汽车怎么办？

（2）教师放音乐，带领幼儿听音乐的节奏做出开车动作以及停车动作。

师：小汽车上路喽！小司机们跟好了，一个跟着一个，慢慢开，我们是文明的小司机。

中班音乐律动活动：《猪八戒吃西瓜》

活动目标：

目标一　熟悉音乐旋律，初步学习模仿猪八戒憨态可掬的动作。

目标二　体验自由表演的乐趣。

活动过程：

步骤一　以谜语引出主题

（1）猜谜语。

师：今天老师给你们带来一个谜语，小耳朵听好了：

"一个胖大汉，头插两把扇，走一走，扇一扇。猜猜他是谁？"

幼：它是猪八戒。（白板出示猪八戒图片）

（2）幼儿自由表现猪八戒的动作。

师：对，它就是猪八戒！谁来学一学猪八戒？（请两三个幼儿模仿表演）

步骤二　欣赏音乐，理解歌曲所表现的音乐形象

（1）师：哇！我们班的小猪八戒表演得真可爱，来咱们把最响亮的掌声送给他们加加油！

（2）现在让我们来听一首有关猪八戒的歌曲。

教师提问：歌曲里猪八戒做了哪些事情？

引导幼儿说出："肚子饿，找西瓜，吃西瓜，笑哈哈。"（幼儿

说到哪个动作，就请他们自由表演出来。）

（3）白板显示猪八戒吃西瓜的场景，引导幼儿观察图片上所表现的猪八戒吃西瓜时的表情与动作。

步骤三　引导幼儿主动学习律动

（1）幼儿跟随儿歌内容初步创编动作。

（2）重点引导幼儿学习猪八戒抱西瓜时屁股左右摆动的动作。

师：魔法魔法变变变！现在咱们变成小猪八戒喽！快来看看我们找的西瓜大不大？哇，好沉的大西瓜，现在把西瓜抱起来吧！"嘿、嘿、嘿！"（抱西瓜左右摆动。）

（3）吃西瓜。

师：嗯，好红的西瓜啊，一定很甜很好吃！现在我们一起来吃西瓜吧。（模仿吃西瓜，啊呜啊呜吃西瓜。）

（4）启发幼儿创编"笑呀笑哈哈"的动作。

师：小猪八戒们，吃完西瓜你们的心情怎么样？

幼：很开心！（引导幼儿用动作表现出高兴的样子）。

步骤四　完整表演

播放音乐和幼儿共同表演结束活动。

大班律动活动：《问候舞》

活动目标：

目标一 通过律动感受音乐 AB 曲式结构。

目标二 学习问候舞并会交换舞伴与同伴打招呼。

目标三 对律动活动感兴趣，体验与同伴合作游戏的快乐。

活动过程：

步骤一 欣赏音乐，感受乐曲

师：老师带来了一首好听的音乐，我们一起来听一听吧，你们可以跟着音乐拍拍腿。

师：听了这个音乐，我觉得真开心，你们感觉怎么样啊？（幼儿自由讲述）

步骤二 教师随音乐做动作，幼儿模仿

（1）教师随音乐做动作，幼儿观察、学习。（幼儿围成圈儿坐在地上）

师：我要做动作了，如果你看明白了，跟着一起做。（左右手分别指方向——双手食指往前走三拍，最后一拍弯一下手指——拍手——拍腿）

（2）幼儿学习动作。

师：刚才我做了哪些动作？

师根据幼儿的回答带幼儿一起做做动作，提醒幼儿右手先指

方向，并通过白板提示帮助幼儿把握节奏。

（3）完整做动作。

师触摸白板播放音乐，带幼儿一起完整做动作。

听音乐一起做动作。

提醒幼儿注意手指的方向，先右边，再左边。

再次听音乐做动作。

步骤三　学习将上肢动作变换成行进动作

四、打击乐活动的方案优化

打击乐活动是一种根据乐曲来打击乐器，通过各种乐器给音乐配伴奏使其更动听，是幼儿园音乐教育活动中的一种。打击乐活动不仅可以培养孩子们的节奏感，还可以培养孩子们的合作能力、创造能力等多方面能力的发展。由于，打击乐活动对孩子们的节奏感、力度、速度方面都有一定的要求，同时孩子们在进行打击乐活动时需要高度集中注意力，打好自己声部的同时，还要用心倾听他人的声部，因此，培养孩子们对打击乐活动的兴趣并不是一件容易的事。

我们选定相同素材的打击乐活动，分别对两个班级进行了不同的教学方法，一个班级采用传统的图卡教学的方法，另一个班级采用电子白板优化教学法，借助电子白板优化法进行教学。从中我们发现，教师运用图卡进行节奏感的培养，反复地引导孩子们进行练习以掌握音乐的节奏，孩子们在活动中缺乏自主性，打击乐活动的趣味性就会大打折扣。但是通过电子白板的优化法，教师先是通过建立乐器的图标，再做好相应乐器的发声链接，让孩子们先在白板上进行操作，孩子们只要轻轻地按一下乐器图标，就会发出打击乐器的声音，孩子们边听音乐边在白板上自由尝试、讨论每个乐器演奏的节奏型，表演框架成型后，再用实体乐器进行配合演奏。整个过程中，孩子们始终以积极、主动的状态参与其中，对打击乐的兴趣也有增无减。

音乐活动之打击乐活动教案积累

打击乐活动：《开心的小熊》

适合年龄段：小班

目标：在故事情境中，尝试用声音和不同的肢体动作有节奏地表现自己的开心，体验游戏的快乐。

活动过程：

步骤一　听一听——导入故事情景

第一步　听笑声

（1）这是什么声音？什么时候我们会笑呢？

（2）看看是谁笑得这么开心？（引出小熊）

——今天是小熊的生日，它可开心啦，它要把开心用歌曲唱出来。

第二步　听歌曲

提示：来听一听，小熊的歌曲里有没有特别的声音，一听就知道它很开心。

提问：谁听见了小熊的歌声里特别的声音？这是小熊在干什么？

小结：小熊最喜欢唱歌，它把自己开心的笑声唱进歌曲里，而且还是有节奏的。

步骤二　试一试——尝试表现自己

（1）试试将笑声唱进歌曲里，表现自己的开心。

观察重点：笑声的节奏（四分节奏 | × × | ）

小结：你们本领真大，都能和小熊一样，把开心的笑声有节奏地装进歌曲里。

（2）试试将不同的动作装进歌曲里，表现自己的开心。

提问：除了能开心地笑一笑，还有什么动作，能让别人一看就知道你很开心？

小结：原来，我们开心的时候，可以做这么多有意思的动作，还能装进歌曲里。

步骤三　玩一玩——体验动作与节奏

（1）引起兴趣：小熊邀请大家乘火车去它家玩，把大家那么多的开心带给它。

（2）认识路标：尝试根据白板提示图有节奏地演唱。

提问：这是什么图片？告诉我们要干什么？

观察重点：根据图示有节奏地做出动作。

掌握四分节奏，尝试前八分节奏 | ××× | 。

（3）乘火车游戏。

打击乐活动：《大象和小兔》

适合年龄段：小班

目标

目标一 在听听、说说中感知大象和小兔的不同音色，并尝试创编简单节奏，选择乐器为故事配乐器。

目标二 鼓励幼儿大胆地表达自己的想法，体验乐器故事的乐趣。

活动过程

步骤一 讲述故事引起兴趣

提问：故事里有谁？它们在干什么？看到了哪些春天的美景？

步骤二 为故事配乐器

（1）提出要求——今天请来了小乐器为故事配音。

提问：小兔怎么走路？（引导幼儿动作表现，感受小兔的形象）

这两种小乐器哪种可以代表小兔？为什么？

大象怎样走路？发出什么样的声音？（引导幼儿用动作和声音表现）

什么乐器代表大象？为什么？

（2）初步为故事配音。

提示：你想为哪种小动物配音，找适合它的乐器朋友，故事说到哪个动物，就把你的小乐器敲响。

（教师讲述故事，引导幼儿边听故事边用乐器表现）

（3）跟着节奏为故事配音。

提示：刚才你们都成功为小兔和大象配音了，这次我们要让小兔和大象来跳舞，跳舞时要有好听的节奏，教师边说边示范。

提示：小兔小兔快快跳，大象大象慢慢走。

步骤三　一起看春天

教师再次讲述故事，让我们一起再和小兔大象去看看春天吧！

打击乐活动：《买菜》

适合年龄段：小班

目标：

目标一　在熟悉歌曲的基础上，巩固复习歌曲节奏。

目标二　能根据白板节奏谱大胆尝试用两种乐器进行轮奏和齐奏表演，体验合作演奏的乐趣。

活动过程：

步骤一　律动表演，复习歌曲

（1）律动演唱，激发兴趣。

师：孩子们，最近我们新学了一首歌曲，是什么歌呀？（买菜）

师：那我们一起拎着篮子去买菜吧！

（2）再次复习歌曲。

过渡语：买了那么多的菜，我们来休息一下吧。

关键提问：刚才你们去买菜的时候是把菜放在一起的，还是把菜分开来放的呢？

小结：真棒，我们买菜的时候把不同的菜分开来放，奶奶回去烧菜时就方便多了。（报不同菜名的时候要停顿一下，把菜都分开来放）

步骤二　复习节奏，根据节奏谱用不同的肢体动作表现歌曲

（1）观看节奏谱，拍手复习歌曲节奏。

师：真开心，我们跟着奶奶买了好多的菜呀！孩子们，你们开心的时候会怎么样呢？（拍手）

师：嗯，那我们就用拍手的方法看着图谱来演奏一下这首歌曲吧！

（2）尝试用不同的肢体动作来表现歌曲节奏。

师：除了拍手，我们高兴的时候还会做什么呢？（拍腿，拍胸，摸头，拍肩膀……）

★师示范，幼儿根据节奏谱合拍用肢体动作表现歌曲

★个别幼儿分享示范

步骤三　出示乐器，尝试使用乐器根据节奏谱给歌曲伴奏

（1）集体探索，尝试用齐奏的方式表现歌曲歌唱部分。

★师出示乐器

师：孩子们，奶奶看你们买那么多菜太累了，她又请了两个乐器朋友来帮忙，瞧，它们是谁呀？（小铃和木鱼）

师：一下子来了两个乐器朋友，该怎么样带上它们去买菜呢？（答案就在这个图谱上，它告诉我们怎样带它们去买菜）

关键提问：小乐器在买菜的时候是一起买的，还是分开买的？

教师小结：铃鼓宝宝敲一下，碰铃宝宝也要敲一下，一起买菜就要一起敲。

第二遍演奏：有的乐器宝宝买菜的时候太快了，有的乐器宝宝买菜的时候又太慢啦，掉队了，让我们再一起去买菜，这一次

记得要跟上队伍哦！

（2）分组探索，尝试用轮奏的方式来表现歌曲说唱部分。

师：哎呀，孩子们，奶奶说你们弄错了！小菜场里的菜都隔得很远的，所以不同的小乐器买的菜是不同的。

关键提问：瞧，老奶奶是怎么给它们安排任务的？

师小结：原来老奶奶让小碰玲和小木鱼是分开来买菜的。所以你们在请乐器宝宝买菜的时候看好图谱，按照老奶奶安排的任务去买哦！请你们四个人一组拿好你们的小乐器去买菜吧。

（3）小组／集体表演

★小组表演

师：哪一组小朋友和乐器宝宝又好又快地完成了买菜的任务？表演给我们看一看。

打击乐活动：《大猫和小猫》

适合年龄段：小班

目标：

目标一 尝试用声音的强弱、动作幅度的大小感受和表现歌曲的力度。

目标二 尝试仿编歌词，体验仿编的乐趣。

过程：

步骤一 导入，学习大猫、小猫唱歌的声音

今天，老师带来了一位神秘的朋友，（喵喵喵喵喵）是谁呀？

提问：你听出来有几只猫咪？它们的声音有什么不一样？声音大的猫咪是哪一只？（大猫）声音小的猫是哪只？（小猫）

步骤二 听辨两段音乐

（1）幼儿欣赏，感受演唱大猫、小猫的不同力度。

提问：谁走在前面，是大猫还是小猫？为什么？大猫的声音怎么样？小猫的声音是怎么样的？

小结：大猫走在前面，大猫的声音是响响的，小猫的声音是轻轻的。

（2）学一学。

提问：大猫是怎么叫的？我们来学一学，小猫又是怎么叫的，学一学。

小结：大猫叫的时候，声音就大一点，小猫叫的时候，声音就小一点。

步骤三　用乐器伴奏

出示乐器，谁为大猫伴奏合适，谁为小猫伴奏合适？

看着白板图谱，选择合适的乐器为大猫或小猫伴奏。

幼儿交换乐器。

步骤四　延伸活动

想一想只用一种乐器，你能不能为大猫和小猫伴奏（重重敲、轻轻敲）。

打击乐活动：《欢乐舞》

适合年龄段：小班

目标：

目标一 在学看白板图形谱演奏中，尝试选用适宜的乐器进行分奏、合奏。

目标二 体验共同演奏的乐趣。

过程：

步骤一 导入部分

听小鸟叫的音乐，有节奏地飞进教室。

过渡语："小朋友，森林要开联欢会，请你们一起来参加。"

步骤二 欣赏音乐作品《欢乐舞》

（1）初步感受音乐。

教师介绍曲子的名字，并听看一遍小动物跳舞的音乐。

提问：小动物跟着什么样的音乐在跳舞？（引导幼儿说出音乐的性质）

（2）掌握音乐节拍，重点掌握 X X X 的节奏型。

提问：小鸭、小兔、小熊跳舞的快慢都一样吗？哪个地方不一样？你来学学看。（引导幼儿说出 X X X 的节奏型，并用拍手的动作练习几遍。）

（3）出示白板节奏图谱，让幼儿学会看图谱打节奏，重点强调 XX X 的节奏型。

教师哼音乐，幼儿看图谱，学习一拍一下地为乐曲拍手两遍。

再次观看大屏幕，小动物表演一遍，幼儿可以跟着一起做动作，感受节奏型。

请几名幼儿听音乐分别扮小鸭、小兔、小熊表演动作一遍。

步骤三　为小动物选乐器

教师出示铃鼓、小铃、圆舞板。

提问：如果用这三种乐器给小鸭、小兔、小熊伴奏的话，它们用哪种乐器呢？

幼儿看图谱分别空手用圆舞板、小铃、铃鼓演奏一遍。

幼儿分成三组，分别为小鸭、小兔、小熊进行分奏，合奏。（先徒手一遍，再拿乐器演奏两遍。）

步骤四　结束部分

幼儿看大屏幕为小动物跳舞演奏。

打击乐活动:《大雨小雨》

适合年龄段：小班

目标：

目标一 在敲敲打打中感受乐器发出的不同声音，尝试跟着白板节奏配合"哗啦啦"和"淅沥沥"敲击乐器。

目标二 鼓励幼儿大胆地表达自己的想法，体验乐器故事的乐趣。

过程：

步骤一 复习歌曲——回忆歌曲内容

（1）复习歌曲《大雨小雨》。

我们拍着手跟着音乐一起唱吧。（复习歌曲节奏、歌词、旋律）

（2）关键提问。

大雨是什么声音？小雨是什么声音？

（3）小结。

大雨哗啦啦，小雨淅沥沥。

步骤二 交流讨论——感受乐器的不同声音，尝试跟着歌曲打击乐器

（1）听听乐器的声音：有两个小乐器也想来唱这首歌，请你先去听听它们的声音。

（幼儿自由尝试打击乐器）

关键提问：小铃唱歌什么声音？沙球唱歌什么声音？

小结：小铃叮叮叮，沙球沙沙沙，一起唱歌真好听。

（2）尝试跟着歌曲打击乐器。

指导语：要让你的乐器跟着歌曲一起唱，不快也不慢。

（重点观察：幼儿跟着歌曲节拍打击乐器）

步骤三　配乐表演——尝试打击乐器表演

（1）教师表演。

关键提问：我的小乐器是唱到哪一句的时候敲的呢？

小结：哗啦啦、淅沥沥，下雨的时候请小乐器一起来唱歌。

（2）个别幼儿表演。

（3）全体幼儿表演。

打击乐活动：《蜜蜂做工》

适合年龄段：小班

目标：

目标1　初步学会看白板图谱并根据图谱进行节奏练习。

目标2　乐意与同伴进行打击乐活动，体验打击乐演奏的乐趣。

过程：

步骤一　导入

（1）师幼开小火车进教室。

（2）师："公园到了，现在是春天，公园里的花都开了，看，这些花多漂亮啊，你们猜猜看，这么多花，把谁吸引过来了呀？"（白板中出现很多正在采花蜜的小蜜蜂）

（3）关键提问：小蜜蜂来干什么呀？

小结：小蜜蜂来采蜜了。

步骤二　完整练习拍节奏

（1）关键提问：（出示白板图谱）你们看到了什么？它们有什么不一样。

小结：有的是一朵一朵的，有的是两朵连在一起的。

（2）（教师进行节奏示范，边唱"嗡嗡嗡"边用小蜜蜂教棒指花）提问："刚才小蜜蜂是怎样采蜜的呢？"（引导幼儿说一朵就

采一下，两朵就采两下）

（3）个别幼儿模仿。（引导幼儿两朵连在一起时要采快些，一朵花时可以采慢些）

（4）集体游戏。

①全部幼儿当花朵，教师当蜜蜂，教师边跟着音乐唱边跟着节奏在每朵花上采蜜。（引导小花朵们在蜜蜂采蜜时也要跟着音乐节奏晃动身体。）

②一半幼儿当蜜蜂，一半幼儿当花朵，跟着节奏蜜蜂在花朵上采蜜。第二遍时交换。

步骤三　使用打击乐器演奏

（1）介绍响板，让幼儿伸出手，先空手和教师一起边听音乐边看图谱边打节奏。

（2）幼儿从各自板凳下拿出乐器，一起演奏三遍。

（3）分组演奏。

步骤四　结束

教师：现在小蜜蜂要到别的地方去采蜜了，我们和它一起去吧！

打击乐活动：《喜洋洋》

适合年龄段：中班

目标：

目标1　熟悉乐曲的 ABA 结构，尝试运用打击乐器跟着节拍演奏。

目标2　感受乐曲喜气洋洋的欢乐情绪，体验节奏打击乐活动的快乐。

过程：

步骤一　谈话导入活动，理解乐曲的情绪

（1）教师引导幼儿谈话讨论，引导幼儿回忆过年时放鞭炮、挂灯笼、放烟花等有趣的事。（幼儿边说边点击白板显示相应画面）

（2）完整欣赏音乐，引导孩子说说自己对音乐的感受。

步骤二　随音乐做身体动作，初步理解乐曲结构

（1）教师带领幼儿听音乐做身体动作，引导孩子初步感知乐曲结构。（A 段第一句拍腿，第二句拍肚，第三句拍肩，第四句拍头；B 段按乐句做拍手和手腕颤抖的动作并反复。）

（2）教师慢速清唱乐曲，幼儿随教师做身体动作。

（3）幼儿随教师完整听音乐做身体动作。

步骤三　结合白板音乐图谱，进一步理解乐曲结构

（1）出示图谱，启发幼儿发现图谱中的小秘密。

（2）结合图谱完整欣赏音乐，启发孩子说出乐曲的结构及自己的发现。

（3）教师清唱乐曲，边看图谱边引导幼儿按节奏拍手。

（4）教师引导幼儿听音乐边看图谱边做拍手的动作。

步骤四　学习用打击乐器演奏乐曲

（1）出示乐器：铃鼓、碰铃、响板、三角铁，复习其正确的演奏方法。

（2）白板出示乐器小卡片，拖动到图谱的相应乐句前面。

（3）教师清唱，幼儿分三组徒手练习演奏乐曲，第一组响板，第二组铃鼓，第三组碰铃和三角铁。

步骤五　幼儿拿乐器看图谱进行打击乐器演奏

活动延伸：幼儿交换乐器进行演奏表演。

打击乐活动：《大雨小雨》

适合年龄段：中班

目标：

目标1 感受和表现声音的大、小，学习用不同演奏铃鼓的方法，表现大雨和小雨的不同的节奏和音色。

目标2 根据大雨和小雨的不同音色和节奏，探索铃鼓的不同演奏方法。

活动过程：

步骤一 复习《大雨小雨》

（1）齐唱歌曲，注意唱出歌曲中强弱的变化。

（2）全体幼儿分成两部分，分别唱出大雨小雨的不同特点。

（3）全体幼儿边唱歌曲，边做相应的动作。（除"哗啦啦"做双手手腕转动，双手由上而下转动等幼儿自编动作外，其余都按歌词内容做不同力度的拍手动作）

步骤二 探索打击乐器的音色及演奏方法

（1）白板出示铃鼓，碰铃，幼儿倾听它们发出的声音，说一说谁的声音发出时像大雨，谁的像小雨。

（2）幼儿用打击乐器尝试演奏，教师重点指导摇奏方法。

步骤三 乐器演奏

（1）确定"哗啦啦"双手手腕动作，用铃鼓摇奏表示。

（2）教师担任指挥，并用乐器模仿动作指挥幼儿演奏打击乐器。

（3）教师用指挥动作指挥，并暗示幼儿用合适的力度演奏打击乐器。

（4）幼儿交换乐器进行演奏。

步骤四　活动延伸

可以逐步请幼儿担任小指挥，和全体幼儿一起演奏乐曲。

打击乐活动:《木瓜恰恰恰》

适合年龄段：中班。

目标：

目标1　学习看白板图谱拍出相应节奏型，熟悉音乐的结构，初步感受印尼歌曲的风格。

目标2　在乐曲前四句句末，随音乐节奏边拍"|×× ×|"边念"恰恰恰"。

目标3　在活动中与教师进行目光交流，体会师生合作的快乐。

活动过程：

步骤一　导入活动

——师：小朋友，谁来说说你喜欢吃的水果是什么啊？

白板出示水果图谱。

——师：哦！这里有好多水果啊！我们一起来看看有些什么水果！（教师和小朋友一起说出有菠萝、樱桃、木瓜）

——师：你们想不想听听这些水果宝宝唱的歌？我们一起来听一听吧！教师触摸木瓜图片播放《木瓜恰恰恰》歌曲一遍。

步骤二　熟悉图谱掌握第一段乐曲节奏

——师：刚刚这首歌曲好听吗？这首歌叫作《木瓜恰恰恰》，是一首印尼歌曲，是印度尼西亚的人卖水果唱的歌，你们听了有什么感觉？

学习"|×× ×|"的节奏。

——师：今天老师把水果宝宝编成了一个图谱，我给小朋友一个任务，听听看，这首歌曲里面有哪个水果宝宝发出了恰恰恰的声音，可要仔细听噢！

教师播放第一段音乐，在播放的同时指着图谱打节奏。

——师：是哪个水果宝宝发出来的呀？（引导幼儿回答樱桃）

——师：你们真棒！现在小朋友一起来拍手，当到了恰恰恰的时候，请小朋友边拍"|×× ×|"的节奏边念"恰恰恰"。没有到恰恰恰的时候就不拍手！

教师哼唱乐谱引导幼儿拍节奏。

——师：刚刚木瓜宝宝发出的节奏是怎样的？（教师引导幼儿拍× × ×）我们一起来学一学吧！

——师：菠萝宝宝发出的节奏是怎样的？（引导幼儿拍× × ×）我们一起来学一学吧！

——师：小朋友真棒！现在小朋友跟着老师一起来把这些水果宝宝的节奏型拍手演奏吧！

教师哼唱第一段乐谱并引导幼儿熟悉拍出节奏。

——师：咦！这里还有好多水果宝宝，（把遮住的水果宝宝展示出来）这个菠萝宝宝和上面的菠萝宝宝有什么不一样啊？（引导幼儿找出菠萝的丝带不一样）

——师：这个有丝带的菠萝宝宝的节奏我们该怎么拍出来呢？

（请幼儿上来示范，如果小朋友表现的达不到教师的效果，教师可以慢慢引导）有丝带的菠萝宝宝是两拍，这是一个音拍两拍，所以我们拍的时候后面一拍要做延长的动作。

——师：还有哪里不一样？还有一个水果篮，这个地方就是把所有的水果宝宝都放进去，所以水果宝宝要一起演奏。

——师：现在我们一起来演奏吧！

教师哼唱第二段乐谱，幼儿一起拍出节奏型。

——师：小朋友，你们太棒啦！

——师：现在我们把这里所有的水果宝宝的节奏型一起来拍出来吧！

——师：小朋友你们真棒！现在老师加大难度，我们一起来分组合作演奏吧！

——师：这边的小朋友你们想当什么水果宝宝啊！幼儿讨论。

教师引导幼儿记住自己的水果名称。

教师播放音乐指图谱让幼儿学习看图谱拍节奏型。

步骤三　讨论配乐及演奏方法

——师：小朋友，你们真棒！那你们想不想用这些乐器宝宝来演奏这首歌曲呢？老师今天请来了很多乐器宝宝，我们一起来看看吧！（大家一起说出乐器宝宝的名字：圆舞板、碰铃、铃鼓）

那你们想一想，木瓜可以用什么乐器宝宝演奏比较好呢？（引导幼儿说出圆舞板，樱桃用碰铃，菠萝用铃鼓）

步骤四　学习看指挥拍节奏

——师：你们每个小组来讨论你们组想用什么乐器宝宝演奏呢？（幼儿自由选择）现在老师就是指挥家，请小朋友们认真看老师的指挥演奏。

——教师指挥幼儿演奏。

——师：我们刚刚表演得好不好呢？有点不整齐，为什么会这样呢？刚刚有的小朋友在没有轮到自己表演的时候就演奏啦！那现在我们再来演奏一遍，希望没有轮到自己表演的时候，不要让乐器宝宝发出声音哦！

看教师的指挥再次演奏。

步骤五　交换乐器

交换乐器再次演奏一遍

打击乐活动：《钟表店里》

适合年龄段：大班

目标：

目标1 感受音乐形象并了解乐曲慢、快曲式结构。

目标2 尝试运用小乐器表现钟表店大钟缓慢、闹钟欢快、活泼的节奏。

活动过程：

步骤一 音乐导入——感受钟表节奏

（1）白板出示图片，提问：这是在哪里？——钟表店。

（2）听一段音乐，仔细听，是什么声音？（乐曲前奏，第一句——敲钟声）

（3）学学听到的钟声，感受前奏节奏。

步骤二 分段欣赏——初步了解乐曲旋律及结构

（1）我们来听一段钟表店里好听的声音——引导幼儿初步感受乐曲旋律。

关键提问：好听吗？你们觉得一共有几段呢？（2段）

（2）再听一次，听仔细！我们可以用肢体打节奏，感受乐曲旋律。

（3）关键提问：你们听到的是什么节奏？白板逐步出示第2-5句，四段节奏图谱。

关键提问：你们能看明白节奏吗？有一样的地方吗？哪里不同？

小结：乐曲共有2段，最前面的是"引子"，表现的是敲大钟，比较慢，接着便是第二段，节奏是重复的，比较活泼、欢快。

步骤三　分段理解——表现乐曲节奏的——快、慢

（1）完整欣赏1—5句音乐，并感受其音乐节奏。

（2）自主选择乐器：你想用什么乐器来表现钟表店的声音呢？

（3）尝试以乐器为小组，（三角铁、沙球、响板、串铃）分别表现乐曲节奏。

（4）同类乐器为一组，幼儿与同伴结合图谱，共同表现。

关键提问：哪种乐器更适合大钟的延长音？（三角铁）

哪些乐器更像钟表敲出的滴答声？

延伸：我们可以试一试组成小乐队，每队都有不同的乐器一起组合，表现钟表店好听的声音，好吗？

打击乐活动：《雷声隆隆》

适合年龄段：大班

活动目标：

（1）发现雨声和雷声的不同之处，并尝试用不同的乐器和节奏进行模仿和表现。

（2）通过活动，让幼儿体验游戏的快乐。

活动过程：

步骤一　比较雷声和雨声的不同

（1）雷声和雨声有什么不同？

（2）小结：自然界一般总是先打雷再下雨，雷声轰隆隆，雨声淅沥沥。雷声间隔的时间长，雨声较密集；雷声响，雨声轻。

步骤二　使用模声"乐器"表现雨声和雷声

（1）请大家一起分享交流各自收集的模声"乐器"。

你用什么来表现你听到的声音？

大家猜猜听到的声音像什么？（白板出示相应的节奏符）

怎样才能让这些"乐器"发出的声音更像、更好听？

（2）请大家一起使用模声"乐器"来演奏。

你们觉得这样的合奏有什么问题？该怎么解决？

（3）引导幼儿有节奏地来演奏。

步骤三　尝试听音乐合奏

（1）播放音乐，幼儿看提示敲打。

（2）这次演奏觉得怎么样？怎样让我们的演奏听上去更整齐？

打击乐活动：《小雪花》

适合年龄段：大班

目标：

目标1 把握3/4拍的音乐节奏，用抒情、柔和的声音演唱歌曲，表现小雪花飘落的情景。

目标2 了解雪花与动植物生长的关系。

活动过程

步骤一 欣赏歌曲，学念歌词

（1）欣赏雪景（白板显示正在飘着雪花的冬日雪景），谈论雪天优美的景色，交流谁最喜欢小雪花。

（2）欣赏歌曲，感受小雪花飘落的景象。

（3）理解歌词内容：小雪花飘到哪些地方？它在田野里、小河边、院子里遇到了谁，大家怎样欢迎它？小雪花为大家做哪些事？

（4）运用乐曲的节奏一起学念歌词，尝试用语言展现雪花的美。

步骤二 感受乐曲，表现3/4拍的音乐节奏

（1）触摸白板欣赏歌曲，进一步体验雪花轻轻飞舞的情境。

（2）听音乐，用手轻轻拍出3/4的节奏。

步骤三 学唱歌曲

（1）听教师有感情地演唱歌曲。

（2）幼儿跟着教师将歌词嵌入其中，学习演唱。

（3）注意倾听歌曲中的连音和延长音，想象小雪花在空中轻柔地飘动。

（4）像小雪花飘落一样，用稍慢、柔和的声音演唱歌曲。

（5）部分幼儿运用沙球为歌曲敲打节拍，创造小雪花飞舞的意境。

打击乐活动：《蔬菜歌》

适合年龄段：大班

目标：

目标1 熟悉歌曲旋律，感受并探索歌曲中的节奏型。

目标2 尝试运用多种乐器配合演奏歌曲，体会自主探索、合作演奏的乐趣。

活动过程：

步骤一 节奏游戏接龙

1、激趣：我知道，在座的小朋友样样食物都爱吃，请你们做个游戏报菜名，介绍下平时都爱吃什么。

游戏规则：根据节奏报菜名，同时用乐器击打相应的节奏。

2、个别幼儿展示节奏，集体打节奏。

步骤二 感受旋律——探索节奏型

第一步 分段探索，感知歌曲中的节奏型

（1）过渡：（播放歌曲）倾听歌曲《蔬菜歌》第一段，边听边试着用乐器打出节奏。

（2）个别幼儿展示（2-3名）。

（3）分组合奏。

第二步 倾听第二段，探索节奏型

（1）关键提问：谁能跟着节奏介绍歌曲里的菜名？

小结：根据幼儿的回答触摸白板出示相应的节奏卡。

（2）个别幼儿展示。

提问：你们觉得好听吗？为什么？

小结：经过探索，我们知道可以用不同的乐器、不同的节奏型进行演奏。但是确定的节奏型要符合乐器音色的特征，在演奏的过程中要打准节奏，这样演奏出来的旋律才会舒服悦耳。

第三步　合奏第一段、第二段

步骤三　合奏练习——体验乐趣

（1）分组探索。

指导语：下面请大家组成小乐队来演奏。请大家分成3个小队，每队5名队员，给乐队起个好听响亮的名字。

重点关注：①幼儿协商确定节奏型的情况；②乐器的配合情况。

（2）分享交流。

合作需要大家一起协商才能成功，也许你会发现，和朋友们商量了以后，会让事情做得更好，也能感受到更多快乐。

第五节　基于"电子白板优化音乐教学" 资源库的建立与优化

一、教学资源库的建立

为了使资源库的使用率更高，因而将电子白板的音乐资源库分成了两种形式进行存放：一种是"分类"的归放资源；另一种是"整合"性的资源存储。

（一）"分门别类"地建立音乐白板资源库

《指南》中指出："帮助教师了解3-6岁幼儿学习与发展的基本规律和特点，建立对幼儿发展的合理期望，实施科学的保育和教育。"一次优质的音乐教学活动应该是符合班级孩子的年龄特点和班级实际水平，有层次，可操作性强，满足幼儿的个性化发展。而整体性资源制约了资源库信息内容的共享与交换，无法满足班级之间的个性化需要，因而将白板资源"分门别类"，教师可以根据零散的资源自由组成符合班级孩子年龄特点的音乐教学活动，这种方式可以使音乐白板资源库得到最大化的利用。

1. 优质视频库

优质的音乐视频能调动孩子们的情感与生活积累，提升孩子们的音乐活动兴趣，丰富孩子们的音乐经验，提高孩子们的音乐素养，让孩子们通过对音乐的聆听、模仿，逐步过渡到对音乐的运用与创造，帮助孩子们在"感受美""表现美"的基础上达到"创造美"。因此，录制、制作高质量的音乐教学应用视频是建立交互式电子白板教学应用视频资源库的基础。不同类型的音乐活动，视频录制与制作的着眼点也不同，具体归纳如下：

歌唱活动视频	着眼点	歌唱时的表情、嘴型。
		歌唱时的肢体动作。
		歌唱时的队形、站位
		孩子们之间的合作与配合。
		不同的演唱方式。
音乐游戏视频		游戏情景的展现。
		角色形象的展现。
		情节的转折、变化。

		活动情景的展现。
律动活动视频		动作的模仿。
		情节的起伏、变化。
打击乐活动视频	着眼点	乐器的介绍。
		乐器演奏的方法。
		演奏乐器时的礼仪。
		合奏时的协调与配合。
舞蹈活动视频		舞蹈欣赏。
		舞蹈动作的分解。
		舞蹈知识的介绍。

2. 优质音乐库

音乐是音乐活动的基本要素，也是我们白板音乐资源库必不可少的"成员"。我们将音乐分为热身音乐、教学音乐、欣赏音乐三类，以满足教师不同的教学需要，便于教师及时、准确地找到自己想要的音乐。

			欢快的音乐
		按节奏分	柔和的音乐
			舒缓的音乐
热身音乐	着眼点		悲伤的音乐
		按情绪分	喜悦的音乐
			失落的音乐
			激昂的音乐

			幼儿园《学习活动》歌曲（3-4岁）
教学音乐		按年龄段分	幼儿园《学习活动》歌曲（4-5岁）
			幼儿园《学习活动》歌曲（5-6岁）
		按体系分	奥尔夫音乐教育配套曲目
			柯达伊音乐教育配套曲目
	着眼点		达尔克罗兹音乐教育配套曲目
		按演唱风格分	儿童歌曲
			流行歌曲
			美声歌曲
			民族歌曲
			戏曲
欣赏音乐			纯音乐
			古典音乐
			民乐
		按曲风分	POP
			R&B
			灵魂乐
			摇滚乐
			民族音乐

3. 优质图片库

图片在音乐教学中同样至关重要。图片有利于激发孩子们音乐活动的兴趣，增强孩子们的感知和认知能力；图片有利于增强音乐教学的形象性，能为孩子们创设一个更易于理解、更加形象的教学环境；图片有利于加深孩子们对教学目标的理解，能为孩子们创设一个感性形象的情境，提高孩子们的理解能力，加深孩子们对教学重点的认识与理解。我们建立的资源库结合音乐教学的特点，分为人物类、动物类、乐器类、身体部位类、场景类、风景类等几个类别。

人物类	中外著名音乐人物、男孩女孩、其他人物
动物类	中外著名卡通形象、可爱动物形象、凶悍动物形象、其他动物
乐器类	民族乐器、西洋乐器、打击乐器、其他乐器
身体部位类	五官、头、手、脚、其他身体部位
场景类	室外（草地、森林等）、室内（房间、客厅等）、其他场景
风景类	四季、天空、海洋、花、鸟

4. 优质声效库

声效通常是配合图片、文字一起使用的，图、文、声并茂，能激发孩子们在音乐教学活动中的积极性，对音乐活动产生兴趣，有助于发挥孩子们学习的主动性，从而优化教学过程，提高音乐课堂的教学效果。我们建立的声效库分为动物声效、人物声效、乐器声效、自然声效和其他声效。

声效库				
动物声效	人物声效	乐器声效	自然声效	其他声效
动物叫声 动物走路声 动物说话声	欢呼声、喝彩声 泄气、沮丧声 鼓励、赞美声 走路声 鼓掌、拍手声	民族乐器 西洋乐器 打击乐器 其他乐器	雨声 风声 水声 打雷声	炒菜声 电话声 汽车声

（二）收集优质的白板音乐课件资源库

优质的白板音乐课件资源库是指一套完整的幼儿园音乐教学白板素材资源的集合体。教师拿到白板课件资源后，基本可以不做修改或略做修改，即可方便、快捷地开展音乐白板教学活动，优质的白板课件资源库能够减轻教师的备课压力，使教师们从繁重的课前准备和知识储备中解放出来。教师们可以将更多的时间和精力花在孩子们身上，通过充分地观察孩子，了解他们的兴趣和需要，有针对性地实施教育，让孩子们成为最大的受益者。

优质的白板音乐课件资源库的建设需要教师们的群策群力、齐心协力共同完成，将一堂普通的音乐教学随堂课，通过教师们的共同讨论、反复推敲、精雕细琢、不断完善，从而形成一套完整的优质教学资源存入我们的优质白板课件资源库。最后，由管理员进行制表、编号、注名、整理、归类后，发布到幼儿园的内网共享平台，供教师们"随用随取"。在这个过程中，教师是贡献者，也是受益者，享受着资源共享对自身的教育教学带来的便利，大大提高了教师们的工作效率，共同体验着相互合作的愉悦。

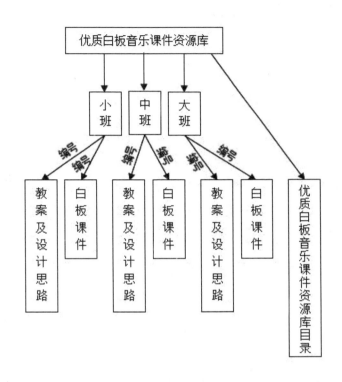

经过一年多的资源库建设，我园的音乐集体教学活动已形成较完善的资源库，以前寻找一个资源要在网络上查询几十分钟甚至更长，耗费不少时间，而现在只需在相应的资源库中寻找，省时又省力。

二、教学资源库的优化与完善

资源库越丰富，就越能应对教学过程中的生成性问题。如何使资源库日新月异，始终能为教师所用，需要我们不断地做好资源库的后期维护工作。

（一）完善白板自带的工具与资源库做到"定时定量"

首先，要做好电子白板的自带资源库的定期更新，自带的资源库包括常用的背景库、链接库、动态图片、动态效果等内容已十分丰富，涉及的领域也比较广，可以初步解决音乐教学过程中的生成性问题；其次，根据音乐教学活动的需要，将搜集到的素材、创作的素材及时地存入库中，日积月累，长此以往，存入的素材越多，教学时就更能信手拈来，真正地为教学活动提供方便。

（二）维护优质音乐白板资源库做到"专人专管"

为了避免资源库的资源不滞后，促进白板资源库与课程的整合，我们组成了一支由教研组长牵头，教师、信息技术人员共同组成的资源开发和服务队伍，长期地投入进行资源开发，不断地更新、充实、丰富白板资源库，不断地维护、调试相关硬件配套设施。

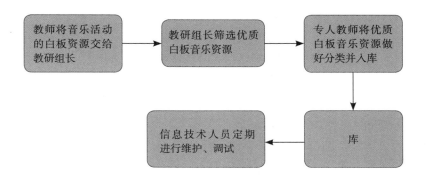

第六节　电子白板优化音乐教学的组织实施研究

一、电子白板优化音乐教学的幼儿发展探究

（一）音乐学习兴趣的激发

爱因斯坦曾经说过："兴趣是最好的老师。"孩子们一旦对音乐产生了浓厚的兴趣，就会主动去求知、去探索、去实践，并在求知、探索、实践中产生愉快的情绪和体验，教师将交互式电子白板作为音乐教学的平台，将教学内容以直观、动态的形式呈现给孩子们，创设丰富的教学情境，充分调动幼儿的学习兴趣，激发孩子们的求知愿望，使孩子们更加主动、积极地投入到音乐教学活动中，使孩子们真正地"想学""乐学"。

经过近两年的课题研究，我们分别在 2016 年和 2017 年对全园 500 多名孩子对音乐活动的学习兴趣进行了调查，调查中发现，

小班孩子对音乐活动兴趣浓厚的人数从 26% 递增至 74%；中班孩子对音乐活动兴趣浓厚的人数从 34% 递增至 77%；大班孩子对音乐活动兴趣浓厚的人数从 47% 递增至 80%。由此可见，孩子们对音乐活动的兴趣大大地提高了。

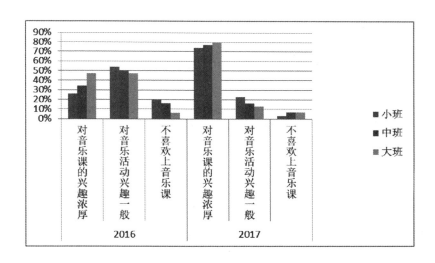

（二）音乐探究能力发展

交互式电子白板具有强大的交互功能，正是这种优势功能的存在以及本身的易操作性的特点，成了当今社会一种变革性的教学手段，极大地促进了幼儿音乐集体教学方式的进步。孩子们与教师间的交流、互动更加频繁了，音乐知识的学习渠道更为便捷，孩子们展示与自我表现的机会多了，教学中的主体地位加强了，更有利于培养孩子们的积极探索精神，萌发积极学习的意识。

比如，进行大班《疯狂动物城》音乐游戏活动时，孩子们自发地搜集了有关兔朱迪、胡迪等主要角色的一些音乐资料，然后保存到电子白板的资源库中。活动中，孩子们通过调用电子白板中的资源库，找出他们搜集的资料并进行小组讨论。通过小组合作、自主探究，孩子们对音乐的快慢、节奏有了较为深刻的了解。一次活动下来，孩子们积累了丰富的音乐知识，了解更多的信息，开阔了眼界，对音乐也有了更深的兴趣和理解。

二、电子白板优化音乐教学的教师指导探究

（一）注意发挥孩子们在音乐活动中的主体地位

在幼儿园音乐集体教学中，教师应借助电子白板平台充分调动孩子们的兴趣，发挥孩子们在学习中的主体地位，引导孩子们能动、自主地进行学习。交互式电子白板的强大功能能够轻松地帮助教师实现这一目标，教师可以通过白板资源库的建立，帮助孩子们利用资源库中的大量资源，配合白板中的魔法笔、填充色等功能，为孩子们自主的想象、创作提供条件。

《猫和老鼠》的音乐活动中，教师只要准备一只猫和一只老鼠的图片即可，孩子们想表演老鼠，就把老鼠的图片拖拽至画面中间；想要表现猫的姿态，就把猫的图片拖拽至画面中间；孩子们想要分角色表演时，就让老鼠和猫同时出现。就这样一个简单动

作的实现，孩子们的兴趣被极大地调动起来，他们真正地参与进了活动中，想象和创造的火花迸发。孩子们用各种姿态表现了老鼠的机智和猫的骄傲、神气。

（二）注重孩子们在音乐活动中的随机教育

《指南》中指出：在课程实施中，教师应处理好预设活动与生成活动之间的关系，善于发现幼儿喜欢的、感兴趣的事物和偶发事件中所隐含的教育价值，满足幼儿的探索兴趣，尊重幼儿的自主活动，注重活动的过程，支持幼儿的发展。

在教学过程中，孩子们往往会有一些教师预设外的行为表现，教师应以关怀、接纳的态度倾听孩子们的表述，理解孩子们的想法与感受，支持、鼓励积极的活动，把孩子们生成的有价值的内容，及时介入并进行随机教育。

"即时生成功能强大"是交互式电子白板的最大优势。对于孩子们在音乐活动中及时生成的内容，教师可以用电子白板记录下来，无论是增减内容或是修改内容，教师的即兴发挥、孩子们的突发奇想，都可以方便、即时地记录在电子白板上，用显性记录的方式灵活地应对隐形生成的内容，这一优势有效地充实了音乐教学活动，使得整个活动变得更加生动、有趣。

第四章

成效——来自迈出的那一步

第一节　我们的进步

一、巧用交互特性，"优化"师幼互动

电子白板不仅孩子们操作起来方便，容易获得成功的体验，还能面向全体进行展示，电子白板为课堂互动、师幼互动，提供了技术可能和方便，为建立以孩子为主体的课堂教学奠定了基础。电子白板强大的交互功能在很大程度上颠覆了传统的教学思维，解放了教师和孩子们的思维套路，促进了教学模式的改变，更好地确立了孩子们在教学中的主体地位。

大班《彩带舞》的教学中，运用了电子白板的即时绘画和翻页功能，可以让孩子们的思维火花迸发，孩子们边听音乐边创造彩带舞的动作，最后将创作的成果用电子白板记录下来，将分组的讨论结果通过电子白板进行展示，孩子们随着音乐根据展示的

内容表演彩带舞。整个活动下来，不仅有效突破了教学的重难点，而且孩子们的兴趣也更浓厚了。

二、巧用白板资源库，"丰富"音乐课堂

通过建立电子白板优质资源库，课件资源丰富，且具体形象，具有活动挂图资源库、注释库、超链接库、动画库等公用或专用窗口的功能，在实践中，能注重过程性资料的积累，形成文本和电子白板课件，并输入到相应的资源库中。教育的信息化发展将信息技术应用于教育教学，全面实现教学内容、教学模式、教学方式和手段的信息化，教师参与教学资源的开发，可以促进教师的专业发展，提高教学过程的适用性，这是顺应时代的要求。

利用电子白板的工具和资源库，可对教学过程中的生成性问题及时解决。如应用软件具有强大的库功能，常用的背景库、链接库等，内容非常丰富，设计领域非常广，可任意添加或删除库中内容。同时，我们可以根据自己的需要把创作的材料存入库中，平时的日积月累能为教学提供更多的素材。需要时信手拈来，及时而又丰富地为教学提供方便。

教师可在教学时请幼儿亲自上讲台通过演示电子白板的互动资源，激发孩子们的兴趣，同时教师可在与专家、课堂外人员的视频对话时，加入学生问答的环节，能够做到很好的课堂互动，

教师还可在回答学生问题、实时检索网络资源、实时网络引擎搜索时与幼儿互动，找寻孩子们的兴趣点，激发求知欲。同时随着电子白板的推广和使用，教师自己制作的白板课件的图文等信息不断完善，可以作为长久使用的资料进行积累，同时也便于教师间的资源共享，节约了大量的备课实践和精力。

三、巧用白板工具，"活化"教学过程

音乐课堂多媒体化可以调动孩子的兴趣。当孩子从兴趣转为愿望，从无知转为求知时，教师及时的指导，无疑会进一步激发幼儿的学习兴趣，为他们进一步有效地尝试打下知识基础。神秘的东西对孩子们有一种天然的吸引力，电子白板的这些功能正巧迎合了他们的兴趣点，因为他们太想知道幕后的秘密了，必定会集中注意力，小耳朵仔细听，小眼睛认真看。

《在农场里》的音乐活动中，当教师运用"遮罩"功能，逐一出现农场全景、中景、近景的一系列景象时，给孩子们带来了视觉上的强烈冲击，一下把孩子们的注意力吸引到了教学主题上，对农场里的动物产生了浓厚的兴趣。当农场的画面一点点呈现给孩子们的时候，在他们的小脸上流露出了兴奋、喜悦，以及对验证自己猜想的期待。

在小班歌唱活动《小小蛋儿把门开》的引入环节中，利用电

子白板的"探照灯"功能激发幼儿参与活动的兴趣。"看看，我们来到了哪里？"教师移动探照灯神秘地向幼儿提问，孩子们通过观察和上下联系，猜到我们来到了小河边。这时，教师展示完整的河边背景图，继续激发幼儿兴趣："鸡妈妈说她的宝宝就丢在了这儿，我们快帮她找找吧！"教师此时移动探照灯，"这儿有吗？""在这儿吗？""你发现了吗？"每照到一个地方就问一问孩子们，激发了他们参与活动的热情，同时也培养了孩子们的观察和表达能力。

电子白板的各种工具将图片、视频、音频等素材灵活呈现于音乐教学活动中，淋漓尽致地展现了音乐教学与信息技术的完美结合，进而打造出富有灵气的个性化音乐课堂。

四、记录教学痕迹，"易化"教学难点

教学过程是多要素相互作用、动态多变的过程。利用电子白板的书写、存储、回放功能，可将教师和孩子们在教学过程中的互动及参与及时记录下来。同时孩子们也可以更改、充实教师原先的"课件"内容，并保存在电子白板中。在教师总结回放教学过程时，孩子们可以重温自己的思维成果，品味教学过程的生成，巩固教学中的重难点。同时，孩子们的个性得到了张扬，创造力得到充分发挥，呈现出一个富有特色的个性化音乐教学课堂，继

而产生比常规教学更多的生成性资源和不同教师个性化的教学资源。

《彩带舞》中，利用电子白板中提供的音频、视频，孩子们选择在自己喜欢的音乐段落配上相应的舞姿，分小组进行创作，用电子白板记录下孩子们的创作成果。而后，利用电子白板的回放功能，让孩子们互动观赏并进行讨论，整理出孩子们自己创作出的一套完整的动作。在这个过程中，孩子们步步深入，逐步体会浓郁的彩带舞的民族风味，感受深厚的民族文化。

电子白板中的回放功能可以对以前的操作过程进行任意、多次的回放，这在音乐集体教学中是非常有用的，因为孩子在教学过程中习得的知识经验是零散的，需要教师做总结梳理，音乐回放可以帮助孩子们重温教学重难点。

第二节　优质活动赏析

小班音乐活动：《碰一碰》（参赛作品）

设计意图：

新小班的幼儿入园已3个月了，在彼此熟悉的过程中，教师和小朋友间经常会出现身体上的互动，诸如拉拉手、抱一抱等接触性的亲密动作，说明孩子们已经放开以自我为中心的情绪，愿意亲近教师、亲近同伴了。为了进一步满足孩子的需要，加深孩子们之间的情感，我设计了这个活动。（核心经验：喜欢自己的朋友，体验与教师、同伴一起活动的快乐。）

活动目标：

在唱唱、玩玩中学唱歌曲，体验与教师、同伴一起碰一碰的快乐。

活动准备：

视频：大班两位小朋友、音乐视频《碰一碰》

活动过程：

步骤一　哥哥姐姐碰一碰

（1）情境导入。

师：孩子们，今天我们班来了两位小客人，看看他们是谁，来跟他们打声招呼！

※引导幼儿跟哥哥姐姐握手，初次碰一碰小脸等，并用"哥哥姐姐Ⅰ好—Ⅱ"的节奏与客人问好。

师：哥哥姐姐今天带来了一个节目，我们来看看是什么？

（2）初步感受歌曲。

教师：他们和谁碰的？碰了哪里？他们是怎么找朋友碰的？我们再来看一遍。

（儿歌引导：拍小手，找朋友，找到朋友手拉手。问一问，说一说，说好再去碰一碰。）

步骤二　和教师碰一碰

教师：老师是小朋友们的好朋友，谁愿意来和我一起碰一碰？

（教师与个别幼儿互动）

步骤三　和好朋友碰一碰

（1）尝试游戏。

师：碰一碰真开心，你们想不想和好朋友碰一碰？那我们跟着音乐一起来碰一碰。

（引导幼儿按照歌词的内容做动作，先找朋友，后碰一碰。）

（2）仿编歌词。

师：和好朋友碰一碰真开心。除了鼻子，还可以和朋友碰身体的什么部位？

教师小结：噢，原来好朋友在一起可以碰鼻子、头、肩膀、小手、屁股、小脚等很多不同的部位，朋友在一起真开心。

（3）再次游戏：《碰一碰》。

教师介绍游戏规则：音乐开始，宝宝拍手去找朋友，找到朋友和朋友手拉手，当唱到"碰哪里"时，哥哥姐姐来发令，宝宝和朋友要按口令碰一碰，看谁碰得又快又正确！

步骤四　延伸

教师：我们再去找找其他班级的小朋友，和他们也来玩玩碰一碰的游戏吧。

小班音乐活动:《开心的小熊》

活动目标:

在故事情境中,尝试用声音和不同的肢体动作有节奏地表现自己的开心,体验游戏的快乐。

活动过程:

步骤一 听一听——白板导入故事情景

(1)听笑声。

①这是什么声音?什么时候我们会笑呢?

②看看是谁笑得这么开心?(白板出示小熊)

——今天是小熊的生日,它可开心啦,它要把开心用歌曲唱出来。

(2)听歌曲。

提示:来听一听,小熊的歌曲里有没有特别的声音,让你一听,就知道它很开心。

提问:谁听见了小熊的歌声里特别的声音?这是小熊在干什么?

小结:小熊最喜欢唱歌,它把自己开心的笑声唱进歌曲里,而且,还是有节奏的。

步骤二 试一试——尝试表现自己

(1)试试将笑声唱进歌曲里,表现自己的开心。

观察重点：笑声的节奏（四分节奏 ｜×× ｜）

小结：你们本领真大，都能和小熊一样，把开心的笑声有节奏地装进歌曲里。

（2）试试将不同的动作装进歌曲里，表现自己的开心。

提问：除了能开心地笑一笑，还有什么动作，能让别人一看就知道你很开心？

（根据幼儿的回答，触摸白板出示相应画面）

幼儿尝试唱一唱歌曲、做一做动作。

小结：原来，我们开心的时候，可以做这么多有意思的动作，还能装进歌曲里。

步骤三　玩一玩——体验动作与节奏

（1）引起兴趣：小熊邀请大家乘火车去它家玩，把大家那么多的开心带给它。

（2）认识路标：尝试根据提示图有节奏地演唱。

提问：这是什么图片？告诉我们要干什么？

观察重点：根据图示有节奏地做出动作

掌握四分节奏，尝试前八分节奏｜××× ｜

（3）乘火车游戏。

小班音乐活动：《胖厨师和小老鼠》

活动目标：

目标1 感受两段不同乐曲，尝试用身体动作表现胖厨师和小老鼠的形象

目标2 喜欢音乐活动，体验参加音乐游戏的快乐

活动过程：

步骤一 引起兴趣

（1）今天有个朋友来到了我们教室里，猜猜他会是谁？

听第一段音乐，幼儿边听音乐边想想到底谁会来？

小结：你们说的这些动物都是大大的、重重的，走起路来很慢很沉。

（2）让我们看看到底是谁？（出示胖厨师）

原来是胖厨师来啦，厨师长什么样子？胖厨师有着胖胖的身体、胖胖的脸蛋，我们也来做一做胖厨师好吗？（边听音乐边模仿胖厨师的形象）

步骤二 听故事，感受第二段音乐

教师讲述故事（白板出示相应画面）：胖厨师的家是一幢二层小楼，每天胖厨师都会在一楼的厨房里做美味可口的饭菜，师生共同模拟做饭菜的动作，一盘香喷喷的红烧肉做好咯……胖厨师端着菜刚放到桌子上，突然听到了楼上发出了声音，听听可能

会发生什么事？

（1）幼儿自由讲述。

（2）这段音乐听起来是怎样的？可能会是谁来了呢？

（3）白板出示小老鼠的图片。

小结：原来是小老鼠闻到了香味，要出来找食物呀，你们会模仿小老鼠吗？

（4）跟着音乐模仿小老鼠的样子。

步骤三　游戏

（1）教师扮演胖厨师，幼儿跟着音乐模仿小老鼠，听到开门，开灯的信号要赶紧藏起来。

（2）幼儿游戏。

小班音乐活动：《和猪小弟玩游戏》

活动目标：

在和猪小弟玩游戏的情境中，初步尝试仿编歌词"我们一起……"，体验和好朋友一起玩游戏的快乐。

活动过程：

步骤一　小猪睡觉——歌曲导入，激发兴趣（白板显示小猪在家睡觉场景）

（1）宝宝们，还记得我们的好朋友猪小弟吗？看看它在干什么呢？

（2）我们唱歌把它叫醒吧！（小猪苏醒）

步骤二　和猪小弟玩游戏——初步尝试仿编歌词"我们一起……"，体验游戏的快乐

（1）和猪小弟玩滑滑梯。

猪小弟睡醒啦，去找朋友玩游戏，我们和它玩过什么游戏呀？

歌表演：和猪小弟一起滑滑梯

（2）和猪小弟玩皮球。

还可以和猪小弟玩什么游戏呢？看，草地上滚来了什么呀？（玩皮球）

妈妈唱歌来告诉猪小弟：我们一起玩皮球。（师示范）

幼儿集体唱。

（3）和猪小弟玩跷跷板。

草地上还可以玩什么游戏呢？

幼儿唱一唱玩一玩。

（4）和猪小弟玩游戏。

我们试试唱歌告诉猪小弟，玩什么游戏吧？

步骤三　和猪小弟开火车——进一步体验和好朋友游戏的

快乐

火车开来啦，我们和猪小弟一起玩开火车喽！（离场）

中班音乐活动:《小黄鸭合唱队》

教学目标:

目标1 在白板情景中学唱歌曲《小黄鸭》,并初步尝试用分组唱的形式进行歌唱。

目标2 激发幼儿参与活动的兴趣,体验和朋友共同歌唱的快乐。

教学过程:

步骤一 练声:大公鸡

秋天的早晨空气真好,太阳暖暖地照在身上,谁会是最早起床的动物呢?让我们一起来学一学大公鸡,叫大家起床吧!

步骤二 水中游来小黄鸭——引入和体验

导入:今天老师请来了一位喜欢玩水的小动物,它是谁呢?(白板显示小黄鸭洗澡场景)老师也很喜欢这只小黄鸭,来听听老师为什么喜欢它。(教师范唱小黄鸭A段)

步骤三 小小黄鸭嘎嘎叫——感受和游戏

(1)学唱歌曲A段(重点指导:附点节奏的演唱)。

①熟悉歌词:

关键提问:我为什么喜欢这只小黄鸭(教师用歌词小结)?

②附点节奏的演唱:

关键提问:哪一只小黄鸭的声音是我的小鸭子?你是怎么听

出来的？

③师带领幼儿演唱 A 段 2-3 遍。

（2）学唱歌曲 B 段。

过渡语：小黄鸭不仅会和我一起做游戏，它还有三个本领，我们一起来听一下。

关键提问：小鸭子有什么本领？可不可以加上有趣的声音呢？

（3）一起观看白板，完整演唱歌曲。

出示 6 只鸭子：师生共同演唱歌曲

步骤四　大家一起来演出——分组演唱

（1）分组要求。

小黄鸭邀请大家组成合唱队一起去演出，要求小黄鸭合唱队分三组来演唱，游泳队、唱歌队和泡泡队。

（2）幼儿自由选择参加的泡泡队、游泳队和唱歌队来进行分组唱。

（3）听伴奏变换形式完整歌唱 1-2 遍。

中班音乐活动:《功夫熊猫》

活动目标:

目标1 尝试模仿、创编动物功夫律动,并能根据不同音乐表演相应动物的功夫。

目标2 喜欢参与功夫熊猫的活动,感受音乐游戏的乐趣。

活动过程:

步骤一 说一说"功夫"——引入和回忆

1、白板出示《功夫熊猫》形象图片:介绍功夫熊猫阿宝的师兄师姐们:老虎、蛇、熊猫。

步骤二 学一学"功夫"——模仿和创编

(1)示范老虎拳。

①播放老虎拳音乐。

提问:这是谁打拳的音乐?为什么?你会打老虎拳吗?

②师听音乐示范老虎拳。

③出示秘笈:师带领幼儿共同学习老虎拳。

(2)探索蛇拳。

①播放蛇拳音乐。

提问:这次的音乐会是谁来了?说一说你的理由?

②出示秘笈:幼儿自主探索秘笈的内容做蛇拳的动作。

提问:谁能看懂这个秘笈的意思?

③跟着音乐，看着秘笈共同表演蛇拳。

（3）创编功夫熊猫拳。

①提问：最后一个出场的是谁？（熊猫）

②创编：谁来尝试一下给功夫熊猫编一套动作呢？（幼儿自由探索）

③师把动作组织完整。

④听功夫熊猫的音乐，幼儿一起表演。

步骤三 打一打"功夫"——感受和体验

"武林大会"开始了，听着不同的音乐，跟随武功大师们进行集体表演。

大班音乐活动：彩带舞（参赛作品）

所属主题：《我是中国人》

主题核心价值：

1. 培养爱祖国、爱国旗的情感。

2. 了解我国许多有名的人物和他们的事迹，为自己是一个中国人而自豪。

设计思路：

现在的孩子见多识广，家长们每年都会带孩子出门玩。在开展中国人这个主题时，小朋友们知道自己是中国人，也能娓娓道来自己去过国内很多地方，能简单说出这些地方的名胜古迹或民族风情，他们能为自己是中国人而骄傲。《大中国》这首歌曲的歌词内容和雄壮的旋律，能让孩子们更好地感受和表现出对祖国的热爱和自豪感，所以就成了这个主题下的一个很好的资源，孩子们在已经理解、感受歌曲的基础上，把重点放在理解彩带舞的图谱进行表演的练习和创编上，通过简单易懂的图示让幼儿理解、尝试学习编排彩带舞，用他们欢快的舞蹈跳出对祖国的热爱之情。

活动目标：

目标1 理解图谱所表示的舞蹈动作，能根据音乐跳彩带舞。

目标2 愿意用欢快活泼的情绪表达表现，体验彩带舞的快乐。

活动准备：

物质准备：MP3 音乐《大中国》(节选前 2 段)，彩带人手一条，图示 (圆弧形、直线型、波浪形、螺旋形等)，白板教学课件。

⌢ ⌢ ↑ ∿∿ ◉ ➡

经验准备：幼儿已学会唱《大中国》，会跳踏点步和小碎步。

活动过程：

步骤一　演唱歌曲——回忆、感受歌曲

（1）聆听前奏，教师"听，这是一首什么歌？"

（2）"让我们跟着音乐，一起用好听的声音来唱一唱这首歌。"集体演唱歌曲，边拍手边唱歌，感受歌曲的节奏及旋律。

步骤二　理解图谱——学跳舞步

（1）教师出示 4 张图谱：帮助幼儿理解图谱。

提问：你看懂了哪一张图谱，请你来试一试。这张图谱有没有看不懂的地方？

解决难点：箭头，表示方向。箭头指向哪一边，就往哪边甩彩带。弯的箭头告诉我们做动作要有弧度；波浪线，表示手摇跟着音乐的节奏上下舞动彩带。

教师小结：图谱的小秘密被你们发现了，原来图谱可以用简单的图形让我们方便看懂并记住动作。

（2）幼儿随音乐根据图谱顺序，一起试着学跳彩带舞第一段。

关键性提问："看看我的身体还有哪些部位也跟着一起跳

舞了？"

教师小结：我们的彩带不仅喜欢跳舞，还喜欢和我们的手、我们的脚、我们的头，还有我们的腰一起跳舞呢！我们的身体和彩带一起跳舞时最漂亮！

步骤三　创编舞蹈——体验、感受快乐

（1）幼儿分组选择一句歌词，探索玩彩带，体验和同伴一起协商，感受挥动彩带的快乐。

关键性提问："彩带除了可以从上到下、从左到右的挥舞……，还可以怎么挥舞呢？你们也来试一试，然后讨论、选择一个最喜欢的动作画一个简单的图谱。"

（2）教师巡回观察幼儿编排情况。

（3）分组展示图谱，并请这组的幼儿来跳一跳他们创编的新动作。

（4）把第一段教师预设的动作和第二段孩子们创编的动作结合起来，完整表演彩带舞。

大班音乐活动：《猫和老鼠》

活动目标：

目标 1　尝试辨别组曲中旋律的不同快慢与节奏强弱变换，感受乐曲的丰富变化。

目标 2　有兴趣地听赏音乐，用动作、表情等，大胆表现猫和老鼠有趣的音乐形象。

活动过程：

步骤一　观察《猫和老鼠》动画画面，引出活动主题

它们是谁？关于猫和老鼠，有说不完的故事。我这里有一段好听的音乐，讲述了猫和老鼠有趣的故事，听一听，音乐里说些什么？

步骤二　欣赏音乐，感受乐曲丰富变化

（1）完整欣赏音乐，提问。

问题 1　猫和老鼠在干什么？

问题 2　发生了什么事情？

（2）分段欣赏，听辨音乐旋律与节奏不同变化。

阶段一，尝试根据音乐的轻响变化，表现老鼠不同神态。

①讨论：谁来了？它是怎么走来的？老鼠为什么会这样？

小结：音乐开始，轻轻地，表示老鼠出洞时胆战心惊，渐渐地音乐由轻变响，是因为它看到房间里根本没有猫，就大着胆子

到处串。

②听音乐集体表演，鼓励幼儿用动作、表情等表现音乐中老鼠出洞的动作、神态变化。

阶段二，表现猫的动作和神态

①正当老鼠得意的时候，发生了什么事？

②听音乐欣赏教师表演，提问：你们认为这是一只怎样的猫？为什么？说说这段音乐给你的感觉。

③幼儿听音乐模仿猫骄傲、自信的音乐形象。

小结：这里的音乐节奏稳稳的、慢慢的，我们好像看到了一只沉着、自信、甚至有点骄傲的猫。猫咪玩累了，它回家睡大觉。

阶段三，感受、表现"猫鼠大战"的音乐情景。

①猫睡觉了，接下来又会发生什么事情？

②老鼠又出洞了，它们在干什么？请你们一边听音乐，一边表演。

教师重点观察幼儿的表情、神态变化。

③最强音突然响起，观察幼儿行为变化，提问：小老鼠，发生了什么事？

④教师当做猫，幼儿当做小老鼠，感受、表演第三段乐曲。

（3）完整欣赏、感受乐曲的丰富变化，根据音乐变化表现猫和老鼠有趣的音乐形象。

①完整听赏乐曲，教师观察幼儿动作、表情等神态变化。

②分角色，听音乐表演"猫和老鼠"，鼓励幼儿听音乐变化动作、表情。

师生合作，教师扮演猫，幼儿扮演老鼠。

幼儿自主选择角色表演。

步骤三　延伸活动

提供猫和老鼠动画片、故事书等，鼓励幼儿自主探究猫和老鼠的故事，表现猫和老鼠不同的音乐形象。

大班音乐活动：《小鱼游》

活动目标：

目标1 根据画面的提示和节奏，记忆并创编歌词。

目标2 愿意与同伴一起根据音乐的速度与节奏合作表演，体验乐趣。

活动过程：

步骤一 激发兴趣

师：孩子们，最近你们最喜欢唱什么歌？那我们一起来唱一首好吗？

关键提问：听听这首歌和你们刚才唱的歌有什么不一样？

小结：这种唱歌的方式我们叫它说唱。

步骤二 说说唱唱

师：今天我们就来学一首说唱的歌曲，就是用说的方式来唱歌。是关于谁的呢？一起来看看吧！

（1）出示 PPT "一条鱼"。

关键提问：看看这条小鱼怎么了？你从哪里看出来的？一起来学一学它的表情。

小结：一个人没有朋友，心情就会变得不好，感觉很孤单。

①教师演唱。

关键提问：你听到了什么？你觉得哪里最有趣？

（幼儿回答，白板分别出示相应图片）

小结：说唱歌曲要有很强烈的节奏感，歌词里的"YOUYOU"是说唱歌曲中很重要的一个部分，要用短促的、很带劲的声音。

②尝试跟唱第一段。

关键提问：找找哪段的歌词是一样的？

小结：红色部分的歌词是相同的，是可以重复的。

（2）白板出示"两条鱼"。

讨论：两条鱼，水里游，开开心心做什么？（幼儿讨论，教师记录）

幼儿说唱"两条鱼"。

（3）白板出示"许多鱼"。

①白板出示节奏图。

师：许多鱼在一起心情会怎么样呢？还有其他表示开心的词语吗？它们在一起会干什么呢？（激励幼儿讲述）

②幼儿结伴尝试创编。

师：4个朋友一组一起商量把第三段的歌词编出来。（教师巡回）

（3）幼儿个别把创编好的歌词说唱出来。（注意歌词、动作）

步骤三　延伸

（1）幼儿挑战。

师：星星代表难度。我们说过说唱歌曲的节奏是非常重要的，节奏越快，说唱的速度也要快，谁能说得越快，说明他的说唱本领越大。

（2）延伸：今天你们每个人的小脑袋里都有一首独一无二的说唱歌曲《小鱼游》，今天我会把这首歌的挑战节奏放在我们的小舞台，在表演游戏的时候你可以再去尝试挑战，下次我们举办一个超级歌会，比比谁是我们班的说唱小达人。

大班音乐活动：《春晓》

活动目标：

目标1 大胆创编动作，在歌曲中感受、表现古诗《春晓》的意境美。

目标2 在与同伴的合作表演中，体验自主表演古诗的快乐。

活动过程：

步骤一 吟、唱古诗——欣赏与感受

（1）吟古诗。

（2）唱古诗。

步骤二 创编动作——尝试与探索

（1）春眠不觉晓。

重点关注：用不同的动作来表现睡觉姿势。

小结：你们用不同的动作告诉大家"春眠不觉晓"的意思，真美！

（2）处处闻啼鸟。

重点关注：用动作表现聆听不同地方的鸟叫。

小结：真是"处处闻啼鸟"，短短一句诗，意境真美妙！

（3）夜来风雨声，花落知多少。

重点关注：花落过程。

小结：春天的花儿轻轻柔柔、纷纷扬扬地从树枝上飘落下来，

真美！

步骤三　分组表演——合作与表现

（1）分组合作。

重点关注：花朵造型。

（2）完整表现。

第三节　实践中的感悟

实践案例：巧用白板提高歌唱教学的有效性

背景

唱歌是人类表达、交流思想感情的最自然的方式之一，对幼儿来说也不例外。当他们高兴时，就会情不自禁地唱起歌来，以表达轻松、愉悦的心情。歌唱活动可以使幼儿全身心的投入，可以充分表达幼儿的思想情感，可以培养他们的乐感和美感，可以丰富他们的音乐表现力，可以终生保持他们对音乐的热忱。因此幼儿园的歌唱教学是音乐教学中感受、体验审美情感的直接手段。

案例实录

今天又到了快乐的歌唱时间，孩子如遇到喜欢的歌曲名会情不自禁地唱起歌来，以此表达愉悦的情绪。然而几天的活动中孩子们唱歌有些被动，一个个笑脸的喜悦成分少了些，我不停地以自己夸张的表情一遍又一遍地带唱，当我问起是否喜欢这首歌曲时，孩子们条件反射似的给予回复："喜欢。"但表情默默东张西望，在教师的言语提醒下虽有表示，但这些不是孩子发自内心的喜悦。

分析与思考

二期课改以来，在歌唱教学方面，与主题内容的结合，相关经验的积累、情感的体验，这些都成为教师关注的焦点。但是在新授歌曲时，教师的主导作用还是相对比较强，幼儿更多的是在听从教师的安排，按部就班地学会一首歌曲，显得非常被动。作为教师，通常惯用的模式就是：教师范唱歌曲，提问幼儿歌曲内容，教师带领幼儿学说歌词 1-2 遍，幼儿随教师完整学唱歌曲 2-3 遍，幼儿在没有教师的带领下，完整演唱歌曲。而幼儿也就在一遍一遍的跟唱中，感到枯燥乏味。他们表情漠然，东张西望。

怎样调动幼儿在学唱新歌曲时的积极性、主动性，让孩子成为学唱歌曲的主人？怎样来提高歌唱教学的有效性呢？本学期，我们园部教研活动多次实践和学习，开展了关于运用电子白板优化音乐歌唱教学的研究，结合自己在教学活动中的实践，我收获不少。下面就围绕自己实施的教学活动《小黑猪》，谈一谈自己对利用电子白板创设故事情境进行歌唱教学的一些想法。

1. 选择合适的歌曲，是提高教学有效性的前提。

简单地说，利用电子白板创设声色画卷的故事情景进行新授歌曲的教学，教师一边讲述故事，一边引导幼儿学唱歌曲，让幼儿在听故事的同时学唱歌曲。幼儿最喜欢听故事，每当听故事的时候就会非常专注，常常听一遍故事以后就能记住大致的内容。因此，对于一首新的歌曲，如果能用生动有趣的故事形式进行教授，便于幼儿的理解和对歌曲内容的记忆。

其实，对于歌曲的选择是非常重要的，它直接影响到了教学的有效性，是一个前提条件。利用这种教学方式进行教学，选择的歌曲一定具有情节性，能让幼儿身临其中。就拿《小黑猪》这首歌曲来说，这是一首山东民歌，歌曲由对称的上下句构成，各乐句的上半句具有叙事性，描述了小黑猪睡懒觉导致起床后糊里糊涂地将衣服穿在脚上，将袜子套在耳朵上。整首歌曲诙谐幽默，善意地批评了小黑猪做事糊涂的特点，启发幼儿知道无论做什么事头脑都要清楚，切不可糊涂马虎。

利用歌词的叙事性，我用白板创设了一个故事情节：小猪与小狗约好去玩，结果小猪因为睡懒觉误了时间，被小狗叫醒以后，发生了一连串滑稽可笑的事情……故事的情节深深地吸引住了幼儿，让幼儿对歌曲产生了学习的兴趣。分析原因，这首歌曲的选择是非常成功的，歌词的叙事性帮助教师很好地创设了一个故事的情节，这个故事情节成为了提高教学的有效性前提。

2.清晰的教学环节，是提高教学有效性的保障。

选择了好的歌曲以后，就要关注到教学环节的设计了。因为有效的故事教学需要清晰的教学环节做保障。在环节的设计上，要根据幼儿学习的特点，电子白板的多媒体功能调动幼儿多种的感官；要根据幼儿的身心发展特点，既要考虑动静交替，又要考虑幼儿个性发展的特点，注意环节之间的层次性和挑战性；尽可能地让每个幼儿在活动中获得成功感，得到情感上的体验。只有关注了这些方面，才能提高教学的有效性。

在《小黑猪》的环节设计上，把整个活动融入到一个完整的故事情景中，并分成了经验再现——讲述故事分段学唱歌曲——完整欣赏歌曲——完整演唱歌曲四个环节。第一环节是一个节奏语言的引入，通过对小黑猪形象的交流，进一步巩固幼儿对猪的认识。重点的第二环节学唱歌曲部分，我考虑到歌曲一共有三段，一下子全部给幼儿的话，内容太多，对幼儿的理解和记忆都有一定的影响。因此，我把这首歌曲分成了三段故事，逐段讲述。第一段故事后，通过提问帮助幼儿理解，并且通过有节奏地讲述歌词来让幼儿掌握歌曲的节奏；第二段故事后，通过教师的示范演唱，来让幼儿熟悉歌曲的旋律，初步尝试跟着教师演唱；第三段故事后，引导幼儿共同演唱。这样三段下来，应该说幼儿对歌曲已经有了大致的了解。第三环节的欣赏，主要是让幼儿对歌曲的三段有一个完整的印象，充分地感受歌曲的诙谐幽默。第四环节就是一个演唱的环节，我通过教师的动作提示以及幼儿自己的边唱边用肢体语言表现两种方式又进一步让幼儿熟悉记忆歌词。因为这四个环节环环紧扣、又层次递进，使得本次故事教学活动的有效性得到了很好的保障。

3. 优质的师幼互动，是提高教学有效性的关键。

评判一个教学活动是否有效，关键就要看活动中教师与幼儿互动的水平。"接住幼儿抛出的球"是意大利瑞吉欧幼教人在谈到幼儿教师角色时喜欢用的一句隐性比喻，其寓意是教师要有敏锐的观察力和洞悉力，对幼儿发出的互动信息做出及时的反应，运用自己的机智和策略使教育活动更有效、更深入地开展。《幼儿园教育指导纲要（试行）》也明确提出："关注幼儿在活动中的表现和反应，敏感地察觉他们的需要，及时以适当的方式应答，形成合作探究式的师生互动。"教师与幼儿相互抛接球、创造性地玩球的过程，正是教师和幼儿互动的过程。互动贯穿在整个教育过程中，高水平的互动能体现一个教师的专业素养，也是提高教学有效性的关键所在。

在《小黑猪》的教学活动中，巧用电子白板不乏有许多较好的师幼互动例子。例如，接住幼儿抛来的球，巧用白板机智回应：幼儿演唱第二段歌曲时，我发现幼儿由于对歌曲的旋律不熟悉导致唱不准时，立即请幼儿自主点击白板欣赏音乐，把歌词放在心里演唱；当发现幼儿唱歌没有声音时，我马上通过点击白板库中语音提示，鼓励幼儿嘴巴张大唱一唱。这样巧妙地运用白板帮助幼儿顺利地学会演唱歌曲，主动地向幼儿抛接球，擅用白板巧引导：在活动中我时时刻刻引导幼儿在白板创设的故事情景中学唱歌曲，运用故事里的语言进行提问，用故事情景来引导幼儿记忆歌曲内容。"如果你是小黄狗你会怎么批评小黑猪？""小黑猪为什么急得满头都是汗"……这些非常情景化的语言对幼儿学唱歌曲起到了很好的帮助作用。

研究案例：问题出在哪儿了

背景与描述

一天，我班要上一节音乐活动《猴子看猴子做》，这首歌曲来源于中班学习活动 P205 "在动物园里"的主题。歌词非常简单，只有 4 个乐句："要是拍拍你的手，猴子拍拍它的手，猴子看呀猴子做，那猴子和你一样做"，对于中班孩子来说是很容易理解并记忆的。但最难的是歌曲的节奏，首先它是一个弱拍起的节奏，同时在一个小节中又有附点又有空拍。

我在教学中首先把这首歌曲中最难的部分——附点加空拍的节奏型拿出来让孩子反复进行节奏拍打练习，希望借此帮助孩子学习新的节奏型，掌握整首歌曲的难点部分。在几次跟着我打节拍后，发现孩子们大部分都能跟着我正确地打节奏了，于是我加入了歌词，让孩子们一边唱一边打节奏，没想到孩子们一开口就忘记了之前打的节奏型，或者是节奏和自己唱的歌词完全配合不起来，于是我只得反复纠正，可这样一来，有的孩子开始跟我抱怨："老师，我觉得这首歌太难唱了。""老师，这节奏我不会唱。"有了一两个带头的孩子，其他小朋友像是受到了鼓动一般，纷纷表示太难了，虽然最后我"强势"地把孩子情绪压下去，继续按流程往下进行教学活动，但是明显孩子们的兴趣不高，我唱一句，他们跟一句，让他们自己唱的时候也只有一小部分孩子能唱对节奏型。

活动最后的环节是音乐游戏，让孩子分别扮演小朋友和小猴子，学做相同动作，活动进行到这一部分时，孩子们的兴趣似乎又回来了。每个孩子都兴致很高，无论是集体做、分角色做，还是互相找同伴做，他们都显得意犹未尽，在表演时原来唱不准的节奏也有兴趣反复练习进而唱准了。

分析与调整

活动结束后，我自己感觉这一节活动需要反思的地方有很多，活动的前半部分显然是比较失败的，那问题到底出在哪儿呢？根据自己学习到的理论知识，幼儿在学习活动开始的前十分钟是注意力最集中的时间，所以我才把这首歌曲中最难的弱起附点空拍的节奏型放在活动一开始的部分，希望在这段孩子注意力最为集中的时间段把"难点先至",掌握好最难的节奏型。本来以为这样做以后,学习整首歌曲的时候孩子就会觉得轻松自如了,但没想到在这段时间里就先让孩子对歌曲失去了兴趣,最终的结果事与愿违。

反思出现这一情况的原因,我觉得很大一部分可能是我在歌唱教学中虽然使用了正确的组织方法,但过于注重强调了知识技能点的学习,传统的节奏图谱没能激发孩子们的学习兴趣。虽然考虑到中班孩子集中注意力的时间比较短,在活动一开始就直接进入整首歌曲最难的部分,看上去是希望孩子在注意力最集中的时候学习最难点,但这样一来,让有趣的歌唱活动变为枯燥的反复练习,从而降低了孩子们的学习愿望,因此整节活动十分沉闷,且教师把控了整节活动,孩子也没有自主探索的空间。

这次失败的教学体验,也让我觉得在接下来的歌唱教学中教师不能只死记硬背教学组织方法,应该有效运用一些多媒体教学手段解决教学中的枯燥点、难点,这也是新时代教师应该掌握的一些技能。这次的失败正好能成为一个契机,成为我改进教学方法的动力,我决心调整我的教学方法,并且运用白板教学再次进行尝试。

1. 故事导入、引发兴趣

兴趣是孩子学习最好的老师,在动物园里的主题活动中有许多关于猴子的故事,其中《猴子学样》是非常经典的民间故事,我在这节歌唱教学活动的导入部分运用电子白板的遮布和视频播放功能，让孩子们生动地感知《猴子学样》故事中的有趣之处，从而引发他们了解猴子喜欢学样，并引起他们对学唱歌曲的兴趣。

2. 共同游戏、熟悉音乐

在孩子们被吸引而跃跃欲试时，我可以尝试和孩子们一起玩一个"我学你做"的游戏，伴随这首歌曲的背景音乐，完成一些最简单的动作模仿。这一环节的主要目的，一方面是进一步吸引孩子投入其中，另一方面也是熟悉音乐的过程，为后面幼儿学习节奏型做铺垫。

3. 由易到难、模拟节奏

将活动中的难点节奏型融进游戏情境中，可以和孩子们说："刚才我们都是模仿猴子做动作，今天小猴子拿到了一面小鼓，我来敲一敲小鼓，看看哪只小猴子能模仿我的鼓声。"教师点击电子白板，播放敲击鼓的各种节奏型音效，先易后难，先敲打2/4拍节奏型，再加入附点节奏及空拍，慢慢增加难度。在孩子熟悉了节奏后，一起带着孩子玩模仿唱歌的游戏，将歌词一句句进行学唱。通过将重难点融入情景游戏且由易到难层层深入的学习后，孩子们能在愉快的游戏中掌握节奏型。

4. 改编歌词、巩固节奏

在孩子们熟练掌握整首歌曲后，我们还可以继续邀请孩子玩游戏，在白板中设置"小朋友的手（脚）""猴子的手（脚）"等图标，教师首先示范改编歌词，将第一句的"拍手"换成"踩脚"，请幼儿边唱边表演，接着可以让孩子分成几组，每组想一个不同的动作，一组表演时，其他组接唱第二句，如："要是踩踩你的脚""猴子踩踩它的脚"。孩子们做相应的表演时，教师轻点图标，相应的动作图标也舞蹈起来，提高孩子们的学习兴趣和积极性。

效果与体会：

在教学方法经过改进后，我重新进行了一次教学尝试，白板的应用给我带来了很多教学的惊喜，孩子们马上变得愿意尝试了，即使最后的弱拍起的节奏型，在模仿游戏中孩子虽反复练习却不感到枯燥，兴致一直很高。在合作改编歌词中还编出了"弯弯腰""抓抓痒""踢踢腿"等不同的有创意的歌词，教学效果非常好。

经过这次教学尝试及组织实施歌唱活动方法的对比，我也感到虽然理论能指导我们的实践，但是在实践过程中还是要从幼儿学习的特点出发，找到适合他们理解掌握的教学方式，才能保证歌唱教学的有效性，让孩子真正喜欢上歌唱活动，让我们的孩子从"老师教我唱"转变为"我自己想要唱"，这样才能真正地体现"以幼儿为本"的教育理念。

研究案例：让孩子做音乐活动的主人

背景

教师示范、幼儿模仿的教学方法，许多年来一直被看作是幼儿园集体唱歌的最主要的方法，而且实践也已经证明这类方法对幼儿的音乐成长是有益和有效的。然而，随着教育观念的不断进步以及教育目标体系的不断发展，学习歌曲已不再是歌唱活动的仅有的目的。在新的教育目标中，鼓励幼儿的创造性与个性发展，尊重个体为前提的自主性学习已经成为相当值得重视的目标之一。因此，我尝试运用白板优化我的音乐教学活动，让孩子做音乐活动的主人。

案例

根据《学本领》主题中让幼儿了解和熟悉一些常见动物的明显特征的目标，设计了《动物园》的音乐活动，让幼儿在故事情境中模仿小动物有趣的动作，体验学唱歌曲的快乐情感。通过对歌曲的学习培养幼儿乐意亲近小动物、喜欢小动物的情感。

场景一

目标：自主表演熟悉歌曲内容，有学唱的愿望。

师："动物园里真热闹，动物们举办了一个狂欢派对。我们来听听哪些动物来了？"

（白板显示动物园场景，触摸播放歌曲《动物园》）

幼："我听见小兔子来了。"

师："小兔子是怎么出来的？"

幼："小兔子是跳呀跳呀，跳出来玩的。"

师："对的！小小兔子出来玩了，跳呀 跳 | 跳呀 跳 | 跳呀 跳呀 | 跳—‖。（教师示范）现在谁愿意表演一下这只爱跳的小兔子？"

（个别幼儿跟随歌曲伴奏边唱边表演，然后请全体幼儿边唱边表演。）

场景二

目标：鼓励幼儿自主选择角色开口唱歌，体验唱歌的乐趣。

（白板显示不同的小动物图标，教师随机点击动物图标，播放相应小动物的歌曲。幼儿自主选择佩戴画有小动物的胸卡。）

播放歌曲，唱到哪个小动物，该"小动物"就可以边唱歌边出来玩。

场景三

目标：尝试把自己喜欢的小动物唱到歌曲中。

（白板出示各种动态小动物形象）

师："动物园里还有许多小动物，我们也请它们一起来派对吧！"

分析与思考：

为了提高幼儿学唱歌曲的积极性、主动性，同时给予幼儿更大的创造空间，注重幼儿个性化的发展，我通过以下几个方面来实现自己的教学目标。

1. 借助白板优势，鼓励幼儿自主创编动作，激发唱歌兴趣。

在这节音乐活动的第一个环节，幼儿欣赏歌曲后，根据歌曲中提及的动物和对应的动作自主创编动作。大多数幼儿在表现小兔子跳的动作的时候，采用竖起两只耳朵的动作。随后，在表现小黑熊走路的动作时，幼儿的发挥空间比较大，有的在地上爬，有的弯腰慢慢走。在表现小鸟飞的时候，幼儿的表现更加大胆，有的在高高地飞，有的在低低地飞。幼儿在不同动作的吸引下，都非常积极地参与到边表演边唱歌的环节中。

2. 借助白板优势，创设游戏化的音乐教学模式，体验唱歌乐趣。

在活动的游戏环节，幼儿自主选择喜欢的小动物胸卡，配合白板动物形象和伴奏，幼儿边唱边表演。在游戏过程中，幼儿都非常积极参与，听歌曲的时候也格外认真，打破了传统的教师教、幼儿模仿的教学模式，调动幼儿自主地、主动地学习歌曲。游戏活动带动了幼儿唱歌的兴趣，幼儿们都体验到了唱歌带来的快乐。

3. 借助白板优势，鼓励幼儿自主创编，初步感受创编歌词的乐趣。

对于小班的幼儿来讲创编有难度，所以在幼儿熟悉歌曲节奏和歌词的前提下，我请幼儿想一想还有什么动物和小兔子一样是跳呀跳的，有哪些动物和小黑熊、小鸭子一样是走呀走的，还有哪些动物和小鸟一样是飞呀飞的。在我的引导下，幼儿将歌词中的动物替换成自己喜欢的动物，难度虽然降低了，但是白板中灵动的形象和画面激发了幼儿的创作热情，幼儿的参与度和成就感提高了。幼儿们在唱自己创编的歌词的时候更加快乐，初步感受到了自主创编带来的乐趣。

日常的集体歌唱活动一般都是由一位教师来组织教学的，有时边弹琴边唱歌，还要顾及整个幼儿的反馈，有点应接不暇。所以，在一些游戏和学习的过程中，教师可以多借助电子白板等电教资源辅助活动的正常开展。

第五章

思考——来自行动后的回味

通过充分挖掘电子白板的优点和功能，将电子白板尝试应用于幼儿园音乐集体教学活动中，帮助教师从烦琐的重复工作中成功解放出来，并活跃了课堂气氛，提高了孩子们学习的自主性和积极性。更能引导他们用心去感受和倾听，用声音来表达自己的情感，提高孩子们的好奇心和注意力，从而促进大脑的发育，开发智力。音乐教学多媒体化可以调动孩子们的积极性，通过音乐与多媒体的结合化的手段，将音乐形象具体化，增强孩子们欣赏音乐的能力，培养其审美意识，激发创造力。孩子们的学习氛围更加融洽和谐了，学习兴趣和积极性大大提高，孩子们的学习方式更加科学和灵活多样，学习内容更丰富，音乐课堂教学焕发出了无限的生命活力。

但是，凡事都有两面性，交互式电子白板在幼儿园音乐集体教学的使用中也有它的误区和存在的问题。

其一，操作范围受限制。幼儿园的孩子们年龄小，身材比较矮小，由于白板大小及安装位置等因素，造成了一部分孩子在白板上的操作范围受到了限制，在使用遮罩、拖拉等功能时，操作起来比较费力，一定程度影响了音乐活动的效果。

其二，交互资源受限制。白板的自带资源由于开发人员非幼儿园的一线教师，可以为幼儿园活动所用的资源并不多。因此，需要花费课题组成员的大量精力去收集音乐教学的资源，建立资源库，在课题研究初期阶段，造成了教师们的较大压力。

综上所述，尽管两年的课题研究使得交互式电子白板对幼儿园音乐集体教学起到了优化作用，提高了教师的教学效率、孩子们的学习兴趣，促进了教师的专业化成长。但是，我们也要辩证地看待问题，不能盲目地一味追求技术，而忽略教学目标以及教学本质。切记过分依赖多媒体技术，忽视教师和孩子们之间应有的互动与交流；切记错误使用多媒体技术，忽视教师对孩子们情绪、认知、思维反应的观察和了解。

精彩活动瞬间

参考文献

1.赵兵.交互式电子白板：注入课堂的"氧气"[J].学周刊，2013(31):149-149

2.郁芸.谈交互式电子白板技术在幼儿园中的应用［J］.课程教育研究.中，2014（01）01：58-89

3.上海市教育委员会.上海市学前教育课程指南［J］.上海教育出版社.2009(2)：4-17

4.王进峰.交互式电子白板的国内外研究现状［J］.自然科学：文摘版.2017(2)197-198

5.李钦涛,李静.应用电子白板　演绎个性课堂——浅谈电子白板在初中语文课堂教学中的应用［J］.中国信息技术教育,2013(9):138-139

6.王万花.巧用交互式电子白板提高教学效率.甘肃教育,2015(14):60-60

7.王芳.试谈交互式电子白板在幼儿园教学中的应用.中国教育技术装备,2015(11):53-54

8.杭琴.交互式电子白板在幼儿园课堂教学中的运用.教师博览：科研版,2014(9):71-72